DARKSIDE

Hedge Witch
Copyright © Rae Beth, 1990
Todos os direitos reservados.

Ilustração de Capa © Jennifer Parks
Imagens do Miolo © Bill Wright e © Dreamstime

Tradução para a língua portuguesa
©Paula Nishizima, 2023

Diretor Editorial
Christiano Menezes

Diretor Comercial
Chico de Assis

Diretor de MKT e Operações
Mike Ribera

Diretora de Estratégia Editorial
Raquel Moritz

Gerente Comercial
Fernando Madeira

Coordenadora de Supply Chain
Janaina Ferreira

Gerente de Marca
Arthur Moraes

Gerente Editorial
Marcia Heloisa

Editora
Nilsen Silva

Capa e Projeto Gráfico
Retina 78

Coordenador de Arte
Eldon Oliveira

Coordenador de Diagramação
Sergio Chaves

Finalização
Sandro Tagliamento

Preparação
Jane Rotta

Revisão
Carina Melazzi
Carolina Pontes

Impressão e Acabamento
Leograf

DADOS INTERNACIONAIS DE CATALOGAÇÃO NA PUBLICAÇÃO (CIP)
Jéssica de Oliveira Molinari CRB-8/9852

Beth, Rae
  Bruxa solitária / Rae Beth; tradução Paula Nishizima.
  — Rio de Janeiro : DarkSide Books, 2023.
  192 p.

  ISBN: 978-65-5598-296-1
  Título original: Hedge Witch

  1. Feitiçaria 2. Ciências ocultas I. Título II. Nishizima, Paula

23-3998   CDD 133.43

Índice para catálogo sistemático:
1. Feitiçaria

[2023]
Todos os direitos desta edição reservados à
DarkSide® *Entretenimento LTDA.*
Rua General Roca, 935/504 — Tijuca
20521-071 — Rio de Janeiro — RJ — Brasil
www.darksidebooks.com

Rae Beth
Bruxa Solitária
Uma existência mágica entre dois mundos

TRADUÇÃO
PAULA NISHIZIMA

DARKSIDE

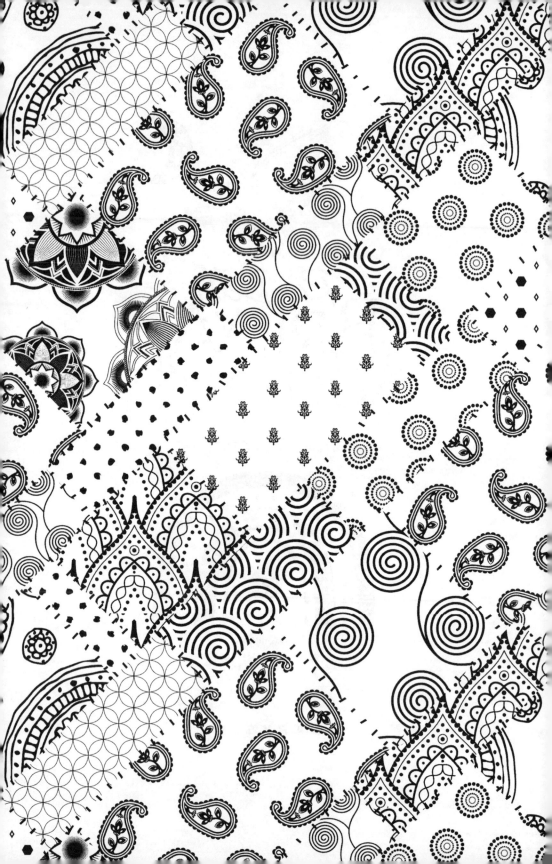

Introdução

As cartas a seguir não foram originalmente pensadas para estarem em um livro. Foram escritas como lições para dois bruxos aprendizes. Para pessoas feitas de carne e osso, Tessa e Glyn. Então eu percebi que elas poderiam se tornar um livro de interesse para muitas pessoas que buscassem o caminho da magia natural, mas que, por algum motivo, não estivessem preparadas para se unirem a um *coven*.

    Tessa e Glyn foram ensinados em uma tradição antiga, a da bruxa solitária. Ela se assemelha à arte das mulheres e dos homens sábios de tempos antigos: pessoas que "conheciam" e cultuavam a Deusa e seu parceiro, o Deus Cornífero; que praticavam feitiços de cura e ensinavam os mistérios. Apesar de este ser por vezes um caminho solitário, ele nos leva a lugares de grande beleza. Partes dele podem ser trilhadas na companhia de outras pessoas, mas sempre fazemos os rituais sozinhas ou com apenas um parceiro mágico. Isso é ótimo para algumas de nós, já que existe um certo tipo de bruxa que se sente à vontade com a solidão, mas não quer dizer que ela ou ele não deva ter amigos. No entanto, o temperamento de algumas pessoas as impele a trabalhar com magia por conta própria e a preencher um arquétipo diferente daquele de um membro do *coven*. Dedico este livro a elas e ao meu marido e parceiro mágico, Cole Campion.

Rae Beth
Yule, 1988
Oeste da Inglaterra

Primeira Parte

New Green
Avonford
8 de janeiro de 1987

Queridos Tessa e Glyn,

Responderei à sua pergunta sobre o que é bruxaria na forma de uma carta. E começarei pelas coisas mais surpreendentes que me vêm à mente. Para a maioria das pessoas, o fato mais surpreendente sobre as bruxas, depois de perceberem que não somos "adoradoras do demônio" nem "instrumentos dos poderes do mal" (bem ao estilo filme de terror), é que cultuamos uma divindade feminina, a Deusa. Além disso, nós também cultuamos um Deus. Isso não é surpresa para ninguém. No entanto, a reverência pela Mãe de todas as formas de vida é inesperada em nossa cultura e tem consequências espirituais, emocionais e sociais.

Historicamente, as bruxas foram perseguidas por sua crença em uma Deusa. Isso era politicamente inaceitável em uma cultura patriarcal. Venerar uma Deusa significaria, por exemplo, que a terra, a Mãe Terra, voltaria a ser considerada sagrada. Ela não poderia mais ser poluída ou explorada por qualquer motivo, e os homens sem escrúpulos perderiam muito de seu poder e lucro. Do ponto de vista deles, era melhor adorar um Deus que fosse feito só de mente e espírito e estivesse "lá em cima" no céu, longe da Terra "pecaminosa" e repugnante.

Na visão espiritual do nosso mundo moderno, o feminino há muito é considerado menos sagrado que o masculino. Em todas as religiões patriarcais do mundo, a mulher é vista como aquela que apresenta o pecado, uma armadilha para o sexo "mais sagrado". Está mais próxima das coisas animalescas e da terra pela menstruação e pelo parto. "Como poderia existir um Deus feminino?", perguntaria a maioria das pessoas.

As bruxas responderiam que a gravidez *é* o ato criativo original e que os povos antigos cultuavam tanto deuses quanto deusas (principalmente estas) desde o início dos tempos. A mitologia desses povos demonstra isso, assim como as numerosas imagens e estátuas de deusas encontradas em sítios arqueológicos por todo o mundo.

Hoje, como forma de protesto frente à repressão cruel que o culto à Deusa sofreu, algumas bruxas chegam a dizer que só Ela deveria ser cultuada. Uma reação compreensível, mas triste de se ver. Porém, o Pai de todas as formas de vida, o Deus, deve ser reconhecido também. Ele existe e suprimi-lo seria tão destrutivo quanto suprimir todo o conhecimento da Deusa Mãe. O verdadeiro objetivo da bruxaria é reconciliar os opostos. A amargura, o ódio e o ressentimento entre os sexos são tão antigos quanto a História, mas a bruxaria é a única religião que tem a cura dessas feridas como um objetivo declarado. Infelizmente, existem pessoas de ambos os sexos que não desejam uma reconciliação ou quem sabe não acreditem que ela seja possível. A elas e por elas, nada posso dizer. Mas posso me dirigir a vocês dois e talvez a outras pessoas. O que eu quero dizer é que a bruxaria é, ao menos em potencial, uma religião de cura.*

Onde ela se credenciou? Qual é a sua história? A bruxaria é paganismo. Sendo mais específica, ela é um tipo de paganismo cujas raízes estão no nosso passado neolítico. A bruxaria evoluiu e resistiu a milhares de anos de perseguição. Nos dias de hoje, ela é um sistema de crenças e práticas mágicas dedicado a restaurar o equilíbrio perdido entre a humanidade e os aspectos sutis da vida, que vão além da racionalidade: os mistérios. Acreditamos que assim podemos restaurar também a harmonia perdida entre a humanidade e a Mãe Terra. Apesar de ter renascido e se renovado, a bruxaria era uma expressão da Antiga Religião. Talvez agora vocês entendam por que ela foi rotulada de prática do mal. Esse tipo de calúnia acontece de forma habitual quando uma

---

* A prática da bruxaria engloba uma ampla gama de abordagens que têm como objetivo central promover o autocuidado. No entanto, é fundamental ressaltar a importância de buscar atendimento médico profissional sempre que necessário. (Nota da editora, de agora em diante N. E.)

religião nova desbanca a que havia antes. As bruxas, portanto, não são necessariamente más. Elas são apenas seguidoras de uma religião que antecede o cristianismo.

Segundo fato surpreendente: as bruxas nem sempre são mulheres idosas, embora possam ser. De toda forma, elas não são mais propensas a ter verrugas que a maioria da população, apesar de serem melhores em livrar-se delas com um feitiço. Elas não têm "cara" de bruxa, não usam chapéus pretos pontudos, podem ter qualquer idade e ser de ambos os sexos. Os homens são chamados de bruxos também, e não magos, como algumas pessoas pensam. Algumas bruxas trabalham em *covens*, outras sozinhas, ou com um parceiro mágico, como eu. Mas você não tem como saber qual de suas vizinhas pode ser uma bruxa. Pode ser qualquer uma.

Sim, elas praticam magia. Não para amaldiçoar ou debilitar, mas para ajudar e promover a cura. Funciona? A magia dá algum resultado? O terceiro fato surpreendente é: sim! Mas é preciso aprender a usá-la, como qualquer outra habilidade.

E por falar nisso: sim, as bruxas às vezes se despem em seus rituais. Mesmo as bruxas solitárias o fazem, já que acreditamos que todo o nosso corpo é sagrado. Assim, aproveitamos a liberdade e a beleza de nos "vestir de céu". Além do mais, a tradição nos diz que a magia pode ser mais efetiva se praticada dessa maneira, já que as roupas podem dificultar o fluxo de energia celeste da bruxa. É claro que fazemos isso em clima quente ou perto de uma bela fogueira. Afinal, calafrios podem ser tudo menos eficientes do ponto de vista mágico!

Eu já escuto vocês perguntarem em seguida, agora que já sabem da nudez: "Mas e o tinhoso, de chifres e rabinho? E o chifrudo? Vai dizer que vocês não idolatram o diabo?". Dizem que onde há fumaça, há fogo.

Chifrudo? Sim. O diabo, príncipe do mal? Não. Para as bruxas, o Deus Cornífero é o parceiro da Deusa Tríplice. Ele é dinâmico, a força vital, o masculino de toda a natureza. Nós o cultuamos porque cultuamos a vida. Ele tem chifres e um rabo para denotar seu conhecimento animal e instintivo, sua sabedoria da natureza. Esse Deus é metade animal, metade homem, um misto da força vital e das habilidades ancestrais. O Deus Cornífero, assim como a Deusa, é um ser sexual, terreno, passional e sábio. Mas cruel e mau ele não é. A partir dos dois, da Deusa Mãe e de seu parceiro, o mundo foi criado. Eles o fizeram com amor e desejo. Portanto, a sexualidade deles é uma força vital sagrada. Do mesmo modo, para as bruxas, a nossa sexualidade é sagrada e constitui uma experiência espiritual verdadeira. Talvez a mais espiritual de todas.

Pode ser que esse seja o fato mais surpreendente sobre a bruxaria. Não deveria ser, mas temos de admitir que, em nosso mundo tal como ele é, a maioria das pessoas acha difícil equacionar sexo e espiritualidade. Isso vai contra tudo que as religiões patriarcais ensinaram sobre sexo: que ele é vergonhoso e nojento, quando muito uma necessidade para a continuação da espécie.

Vocês ainda estão aí, interessados? Se for o caso, façam mais perguntas. Darei o melhor de mim para respondê-los, porque quero colocar tudo em pratos limpos. Nós, bruxas, estamos cansadas de sermos vistas como criaturas que usam chapéus pontudos, fazem sopa de asa de morcego e perambulam pelos cemitérios de madrugada e à procura de unhas de defuntos. Eu não faço isso. Nós não fazemos.

Então, se a existência do Deus Cornífero (sexo!) não desanimou vocês, escrevam-me ou telefonem. Façam mais perguntas. Continuarei respondendo por carta, pois elas me dão a oportunidade de pensar sobre o que quero dizer e me expressar de maneira mais clara (assim espero!). Vou escrever a mesma carta para ambos e enviar uma cópia para o endereço de cada um de vocês, bem como guardar uma cópia comigo. É bom ter a chance de dizer a verdade e ser ouvida com empatia. Muitas bênçãos a vocês.

Abençoados sejam,
Rae

New Green
Avonford
16 de janeiro de 1987

Queridos Tessa e Glyn,

Então vocês querem ser bruxos? É fácil entender por que a Tessa quer seguir esse caminho. A bruxaria dá às mulheres a oportunidade de cultuar uma divindade feminina. Ela revela uma verdade que as mulheres esperaram demais para ver reconhecida: de que o divino é feminino tanto quanto masculino.

À primeira vista, é mais difícil entender por que os homens querem se tornar bruxos. Mas muitos querem. A longo prazo, o benefício para eles é tão grande quanto para as mulheres. Eles são libertados de conflitos antigos como, por exemplo, aquele entre a sensualidade e a espiritualidade. O Deus Cornífero, divindade masculina das bruxas, não apresenta aos homens uma imagem de masculinidade imediatamente superior (ou inferior). Em vez disso, ele lhes oferece a imagem da sabedoria natural e do selvagem. Poderoso como um urso ou uma árvore, não como um ditador ou um míssil nuclear. Isso exige um sacrifício das ideias antigas. O Deus Cornífero não precisa controlar tudo com mãos de ferro, por assim dizer. Mas unificar o corpo *e* o espírito é um sonho que os homens não puderam realizar por muito tempo.

Tanto para os homens quanto para as mulheres, celebrar os oito festivais todos os anos, e os rituais da lua cheia, é uma alegria plena. Também há a promessa de escolher o próprio caminho, tendo como guias a vida e as informações que ela te dá, sua própria sabedoria interna, assim como a Deusa e o Deus Cornífero.* Nada de gurus, autoridades ou dogmas.

---

* Complementando as ideias da autora, é importante acrescentar que a essência da bruxaria como uma prática acessível a todos os indivíduos reside na busca pela libertação, na acolhida de todas as identidades e na valorização das pessoas em sua diversidade. (N. E.)

Independentemente dos motivos, parece que vocês já se sentem atraídos pela bruxaria. Estou convencida de que a bruxaria solitária e todas as expressões do paganismo moderno têm um papel importante a desempenhar neste mundo. Mas vocês sabem o que isso fará com a vida de vocês? Esse não é um caminho fácil de percorrer, e adentrá-lo significa assumir um grande compromisso. Isso vale, é claro, para qualquer caminho espiritual. (E eu sei que a maioria das pessoas reagiria com desprezo ao ouvir a palavra "espiritual" junto da palavra "bruxa".)

Se você já foi uma bruxa (e as bruxas aceitam a ideia da reencarnação), você vai querer voltar como uma. De fato, há um velho ditado que diz "Uma vez bruxa, sempre bruxa!", pois você se sentirá atraída pela bruxaria vida após vida. Se essa ideia te apavora, é melhor nem começar! Mas se ela deixa seu coração mais leve, você não está sozinha. Muitos homens e mulheres encontraram a verdadeira essência da felicidade como bruxos, sacerdotes ou sacerdotisas da magia natural. Muitas bruxas morreram por sua fé, que significava muito para elas, durante a grande perseguição promovida pela Igreja Cristã. Graças à Deusa, hoje não enfrentamos uma ameaça tão terrível por nossas crenças e nossas práticas. Mas ainda enfrentamos problemas na vida social e, às vezes, de outras formas. Séculos de propaganda negativa roubaram da imagem da bruxa a força e a dignidade, negando todas as suas verdadeiras aspirações e seu conhecimento mágico e transcendental, assim como o papel vital que ela exercia na vida de sua comunidade como curandeira, parteira e conselheira. Ela foi reduzida a uma caricatura do mal. O bruxo, quando admitida sua existência, é geralmente visto como um tipo invulgarmente grotesco de mago "das trevas". Ao ouvir que uma bruxa de verdade está diante delas, muitas pessoas vão presumir que você deve ser uma mulher sinistra; do contrário, não faria parte de uma religião tão incomum. Ou então elas não acreditam que você seja uma bruxa "de verdade" porque é bacana demais. Seja como for, uma bruxa tem suas recompensas (*nesta* vida, não só na próxima!), pois ela jamais está alheia ao significado ou à verdadeira magia.

Estar viva de verdade faz tudo valer a pena. Uma sensibilidade tão aberta pode trazer sofrimento, mas a alegria é real. Você conhece intensamente as bênçãos do sol. Do mesmo modo, você sente o frio do inverno. Está viva para a lua e a Terra, assim como para todas as vibrações mágicas, sejam elas de uma pedra ou de uma flor, da chama acesa de uma vela ou de uma poça d'água. Você sente a dor das outras pessoas, assim como a sua própria, em seu coração ou em seu corpo. Assim como a dor da Terra, que é perfurada, pulverizada com pesticidas, saqueada e cheia de lixo nuclear. Ser uma bruxa significa ficar em uma corda bamba entre grandes alegrias e grandes desesperos ou ir e vir entre as duas coisas. Estar completamente viva no mundo de hoje é assim. E vocês terão responsabilidades: celebrar a mudança das estações e as fases da lua; apaziguar os conflitos internos, assim como aqueles entre vocês e os outros; participar de certos rituais dedicados a todas as formas de vida, honrando-as, para que *alguém* cumprimente o nascer do sol em um solstício de inverno, por exemplo, e *alguém* invoque a abundância e a paz sobre a terra. Vocês vão, junto com outras bruxas, comer o pão da vida no sabá de Lammas (Lughnasadh) em nome de todos os povos. Uma bruxa trabalha pela vida, tanto do ponto de vista mágico quanto prático. (Mas um compromisso prático pode carregar um significado mágico.)

Vocês estão prontos para isso? Ou desejam apenas aprender alguns feitiços para conseguir um trabalho, uma casa ou alguma coisa pela qual anseiem? Se é esse o caso, eu lhes desejo tudo de bom, e a magia natural poderá com certeza ajudá-los. Mas vocês não poderão se considerar bruxos; não se tornarão sacerdote ou sacerdotisa. Vocês não terão assumido essa responsabilidade ou conhecido essas bênçãos mágicas específicas.

Estamos nos aproximando do sabá de Imbolc ou Candlemas,[*] como os cristãos chamaram sua comemoração, que é realizada no mesmo dia. (O nome, que significa "Dia das Velas", é agradável e evocativo, então muitas bruxas também o utilizam.) É a época dos primeiros sinais da primavera. É quando, nas palavras da bruxa moderna Diana Demdike: "... a

---

[*] É importante lembrar que este livro, tendo sido escrito por uma autora britânica, segue as energias da Roda Norte. Optamos por manter o texto na ordem original, pois acreditamos que, quando se trata de magia, tudo pode ser adaptado e o que importa é a conexão que firmamos com o mundo ao nosso redor. (N. E.)

Deusa retorna para o Seu povo, virgem mais uma vez, trazendo bênçãos mais uma vez". E esse festival, que acontece por volta de 2 de fevereiro no hemisfério norte e do dia 1º de agosto no hemisfério sul, costumava ser a época da iniciação de novas bruxas. Hoje, qualquer um dos oito festivais (sabás) ou qualquer período de lua cheia pode ser a época certa para isso. No entanto, antigamente era comum deixar o ano inteiro passar. Nesse meio tempo, a principiante teria estudado e criado uma ligação com as grandes forças vitais, os princípios das marés e ciclos em mudança, e teria recebido um treinamento em habilidades básicas para o estado de transe. Isso lhe dava tempo para avaliar a seriedade do compromisso que estava assumindo. Diziam que o ano girava de Imbolc a Imbolc, e então a iniciação era feita.

Eu não posso iniciá-los. Melhor dizendo, não vou. Eu sou uma bruxa solitária. Não pertenço a nenhum *coven*, apesar de conhecer outras bruxas que pertencem e acreditam que esse é o melhor caminho para elas. Tampouco posso lhes ensinar sobre os *covens*, já que não pertenço a um. Eu trabalho com meu parceiro mágico, com quem tenho a sorte de estar casada. Se eu não tivesse um parceiro mágico, trabalharia sempre sozinha. Para mim, a amizade com outras bruxas é uma coisa boa. Trocamos ideias e apoiamos umas às outras. Mas eu trabalho no meu próprio ritmo e do meu jeito, com meu marido ou sozinha, porque isso se encaixa em meu temperamento e minhas circunstâncias. Pois se o dinheiro for pouco, vocês tiverem filhos ou trabalharem muito — e eu sei que duas dessas coisas se aplicam a cada um de vocês —, realmente não será viável comemorar os sabás e as luas cheias com regularidade na hora escolhida por outra pessoa e na casa de outra pessoa, a uma certa distância da sua.

Por essas e outras razões, alguns preferem se tornar sacerdotes e sacerdotisas solitários da magia natural, aceitando pedidos de pessoas que moram por perto e desejam feitiços para cura, conselhos ou consulta a oráculos. São as sábias bruxas modernas. Então elas podem receber o nome de "bruxas entre mundos", pois estão fora dos limites da bruxaria moderna tradicional, fora dos *covens*. É, na verdade, um arquétipo diferente daquele da bruxa do *coven*. Ambas são bruxas, mas a bruxa entre mundos é um ser solitário e fronteiriço. Ela ou ele trabalha sozinho, a partir de e para uma cidade pequena ou vilarejo específico. Essas pessoas sempre existiram.

Hoje, nossa função de parteiras e curandeiras da comunidade foi usurpada. Ainda assim, rara é a bruxa que não conheça os impactos emocionais e espirituais de um nascimento para a mãe, o pai e a criança. A maioria também sabe os requisitos alimentares e as bases mais sutis para uma boa saúde: os fatores psicológicos e psíquicos. Muitas oferecem algum tipo de aconselhamento em saúde ou mesmo terapia. Qualquer bruxa digna desse nome também saberá quando encaminhar uma pessoa a um médico ou terapeuta licenciado. Mas a cura mágica foi e é a nossa área.

Um alerta: é importante saber quando dizer não a um pedido de assistência mágica. Nem todo mundo pode ser ajudado por um feitiço, pelo aconselhamento ou pela divinação. Não é seu papel servir de muleta nem de apoio para todo mundo. Nem poderia ser assim, já que vocês também são humanos. As bruxas não são onipotentes do ponto de vista mágico nem de qualquer outro. Porém, vocês se surpreenderiam com o número de pessoas que desejam ou temem que seja assim.

Será que perdi o foco? Não, tudo isso é importante. Vocês não podem tomar essa decisão sem saber o que ela acarreta. E é bem mais fácil começar do que parar depois de se comprometerem. Não é que alguém os obrigará a fazer qualquer coisa. Não há autoridades na bruxaria, nenhum "Rei Bruxo" que governe todo o reino das bruxas. De tempos em tempos, aparecia alguém se intitulando dessa forma, mas nenhuma bruxa de verdade lhes daria crédito algum. Em essência, a bruxaria não é hierárquica. Mas causas *internas*, coisas que você mesma estimulou, podem ter consequências de longo prazo, inclusive em vidas futuras. "Uma vez bruxa, sempre bruxa."

Agora, tenho mais a dizer sobre iniciação. Para uma bruxa solitária, essa responsabilidade é individual. De fato, é assim que deve ser, mesmo se alguém achar que iniciou vocês. Uma mudança assim deve sempre se apoiar na experiência interior e em seu grau de preparo. Isso é entre vocês e a Deusa e o Deus.

Vocês querem seguir em frente? Glyn, você ficou empolgado com o Imbolc quando conversamos por telefone. Você queria saber mais. Eu sei que você vem trabalhando com feitiços simples já há algum tempo. E Tessa, quando te vi na rua, senti que você estava totalmente decidida. Digam-me o que vocês acham. Continuaremos com isso se desejarem.

Abençoados sejam,
Rae

New Green
Avonford
27 de janeiro de 1987

Queridos Tessa e Glyn,

Por algum motivo, eu acho difícil começar estas cartas. Vou direto ao ponto e descrevo o Imbolc? Antes, devo dizer que estou muito feliz por vocês dois quererem continuar, por sentirem que encontraram o seu caminho. É errado uma bruxa tentar converter alguém. Essa é uma regra da nossa religião. Por isso, se vocês não tivessem demonstrado mais interesse, não ouviriam mais sobre o assunto.

Sei que você quer saber mais sobre o Imbolc primeiro, Glyn. Há tantas outras coisas que eu deveria dizer para que você entenda todo o significado desse festival! Mas devo iniciar por algum lugar. Começarei por aqui, então. Acrescentarei outras coisas conforme elas forem surgindo.

Cada um dos oito sabás do ano celebra uma fase no relacionamento entre a Deusa e o Deus Cornífero, a Mãe e o Pai Natureza, seguindo as estações. O Imbolc tem a ver com os inícios. Eu o chamo de Dia da Noiva. Bride (noiva, em inglês) é um dos muitos nomes da Deusa. Apesar de ter sido cristianizada como a festa de Santa Brígida da Irlanda, o antigo festival pagão se referia à Bride (também chamada de Brigit ou Brigid), a Deusa Tríplice em sua face donzela. É o início da primavera. A Deusa é uma mocinha, iniciando seu ciclo. Como ela, todos nós, homens e mulheres, sonhamos e fazemos planos. Somos inspirados a ir em direção às nossas conquistas futuras. As três faces da Deusa — Donzela, Mãe e Anciã — representam encantamento, maturidade e sabedoria, atreladas às três fases da vida de uma mulher. Então, durante o Imbolc, a Deusa canta, para nós e por nosso intermédio, sobre o encantamento novo pela poesia e pelo amor. Na primavera, tanto a mente quanto o corpo encontram novas inspirações. Portanto, Bride é a Deusa da poesia, assim como da fertilidade e tradicionalmente da cura e da forja.

Também há outros temas sendo elaborados durante o Imbolc. É a época da limpeza e da purificação. Uma boa faxina prepara nossas mentes e corpos para o renascimento. Bride, a Donzela, varre para longe os restos do inverno e da colheita do último ano com sua nova vassoura. Como todas as jovens, ela está interessada em novos jeitos de fazer e em novas ideias. Assim como ela, devemos nos preparar e limpar o caminho para as coisas novas. É a época do viço e da inspiração.

O Deus jovem, a juventude em pessoa, aborda Bride com desejo. Ele a corteja. Enquanto amantes — percebam que o Dia de São Valentim se aproxima, preservando as crenças antigas —, eles inspiram um ao outro em corpo e mente. Seu amor encontra expressão na união sexual. Com isso, haverá crescimento e abundância no futuro e vidas novas serão forjadas. Assim como o jovem Deus, todas nós trazemos um brilho de energia para os nossos planos nessa época: um ímpeto de determinação e ação que dá vida.

Na natureza, percebemos a aproximação de Bride quando a Mãe Terra nos traz as primeiras flores da primavera. Percebemos o Deus na luz jovem e crescente do sol.

Escrevi um poema meio elisabetano para o último festival da Deusa. Ele dá uma ideia dos temas nesse momento de virada.

Ressurgir

Flor gentil
irá brotar,
primaveril,
presentear.

*A luz fugaz
vai semear
uma vez mais vida e amor,
terra nova,
sol e calor.*

*As folhas nascerão,
as aves cantarão.
É como deve ser.*

*À Bride dou luz
de velas acesas.
Primeira aparição
ligeira,
do fogo da estação.*

A comemoração mais simples do Imbolc pode ser tranquila, meditativa. Como bruxos solitários, vocês podem enfeitar a sala com flores frescas em 2 de fevereiro (ou 1º de agosto, no caso dos bruxos no hemisfério sul). À noite, uma sugestão é acender uma vela para cultuar a Donzela e o Deus Jovem e então agradecer a inspiração das luzes da primavera. Depois, vocês podem sonhar e refletir, meditando profundamente consigo mesmos sobre velhos hábitos e ideias que desejem abandonar. Foquem, em seguida, as ideias novas e os planos que vocês queiram realizar no futuro. Imaginem também o fim da fome no mundo, da poluição industrial ou das ameaças de guerra nuclear. Vislumbrem que elas foram deixadas para trás junto com um período de inverno na vida do planeta. Imaginem um mundo novo com a ecologia em equilíbrio: a humanidade e toda a Terra em harmonia, um mundo de paz, felicidade e abundância.

Acendam três velas para três sonhos ou desejos e espalhem-nas pela casa. Acenda cada uma a partir da vela principal, a primeira que vocês acenderam. Esse é o festival dos primeiros sinais da luz, associado à primavera. Vocês acabaram de lançar um feitiço simples.

A tradição prega que não vale a pena lançar mais de três feitiços de uma única vez. A concentração mágica não pode ser diluída mais do que isso. Também é tradição que os feitiços para outras pessoas venham antes de qualquer magia que fazemos para nós mesmas. Assim, se acenderem três velas, a primeira pode ser para o mundo, a segunda para um amigo e a terceira para um projeto pessoal. Essas regras são mais para orientação do que obrigação, mas vale a pena tê-las em mente.

Imagino que vocês estejam pensando: "Como a magia pode ser tão simples? Como algo tão fácil como acender uma vela pode mudar alguma coisa?". A resposta? Não muda. O que faz a diferença são os seus pensamentos. A magia é o poder do pensamento. Acender uma vela é um mecanismo para focar seu pensamento. Também é uma pequena oferenda aos poderes da natureza, com quem você se harmoniza mentalmente. Se com o pensamento e a imaginação (falarei mais sobre isso depois!) você alterar corretamente o seu estado de consciência, conseguirá se tornar um com os seres, as energias ou as correntes e marés da vida que invocou quando lançou seu feitiço. São eles que trarão o feitiço à fruição, ou seja, farão com que ele funcione. Se você lançar um feitiço para fins egoístas, de manipulação ou destruição — com ou sem a intenção de fazê-lo —, é pouco provável que ele alcance fruição se as divindades com as quais você se conectar tiverem aversão a esse tipo de comportamento. Em resumo, se forem a verdadeira Deusa do Círculo do Renascimento e o Deus Cornífero. Você estaria se alinhando à criatividade para trabalhar em um feitiço destrutivo. Algum lado teria que ceder. Então vocês podem perceber que é primordial saber em nome de quem sua magia é praticada. O simples ato de acender três velas a partir de uma quarta pode estar carregado de magia, tanto para o bem quanto para o mal, ou mesmo ser completamente nulo. É você, a bruxa, quem faz a diferença.

No entanto, a maioria das bruxas e bruxos vai querer um ritual mais complexo que o descrito acima. Vão preferir um círculo mágico completo, "o espaço sagrado entre mundos". Descreverei como fazê-lo, como lançar o círculo, na próxima carta. Mas o ritual começa com a invocação da Deusa e do Deus. Primeiro, damos as boas-vindas à Deusa com poesia, música ou uma declaração, solicitando sua presença (como se ela não estivesse sempre presente) e pedindo sua bênção. O Deus é invocado em seguida da mesma forma. Então a consciência se eleva e fazemos conexões no mundo interior.

A invocação pode ser simples ou elaborada. Aqui vai uma versão simples:

Eu invoco a Deusa Tríplice do Círculo do Renascimento. Ela, que traz todos os seres à vida, que brilha com sua beleza no céu noturno e enriquece toda a Terra com os mistérios. Ela, que é a sabedoria das estrelas, a pulsação do sangue e o lento crescimento das árvores. Que sua presença me guie e que suas bênçãos caiam sobre mim, pois sou sua criação.

Para invocar a presença do Deus Cornífero, vocês podem dizer:

Ser cornífero, todo Pai, pelo osso, pela galhada e pela garra, pela floresta sombria, pela vida selvagem, alegria feroz e paixão, por tudo que é indomável e livre, esteja conosco como o salto da vida, inegável, e que eu possa servir à vida, sendo com ela um só.

A magia pode ser feita apenas em nome da Deusa se for um feitiço conectado principalmente a ela. Do mesmo modo, também podemos lançar feitiços só em nome do Deus, embora isso seja menos comum. Geralmente, as bruxas trabalham em nome de ambos, lembrando que a divindade é masculina e feminina, e que a interação entre as duas grandes forças criativas é o que dá origem aos mundos. Nesse aspecto, a bruxaria lembra um pouco o taoísmo, pois reconhece a vida como resultado da interação entre forças masculinas e femininas.

Tradicionalmente, dizemos que a Deusa é a "primeira entre iguais". Isso porque as raízes da bruxaria estão nas primeiras manifestações do paganismo, que eram matriarcais. Além disso, os cientistas já identificaram que o feminino veio primeiro em termos evolucionistas. Ao que parece, o masculino nasceu do feminino como uma maneira de fortalecer as espécies, aumentando as combinações cromossômicas possíveis durante a reprodução sexual. O sexo que dá à luz veio primeiro, enquanto aquele que fecunda surgiu depois. Esse pode ser outro motivo para a elevação paradoxal da Deusa em relação ao Deus, ainda que em igualdade com ele.

Para prosseguir com a celebração de seu sabá, vocês podem se posicionar diante do altar e ler ou afirmar em voz alta:

> Este é o Festival de Bride. Dou as boas-vindas à Deusa Tríplice, celebro e reconheço-a como a Donzela. Estes são os primeiros sinais da luz, o nascer da primavera. A Deusa é jovem mais uma vez. Ela expulsa tudo que está obsoleto. Ela varre a Terra e, com o Deus Jovem da luz crescente, novo Deus do Dia, ela nos prepara para o êxtase, para o amor e para a inspiração. Em seu nome, eu removo a sujeira do chão. Limpo, varro e preparo este lugar.

Em seguida, a bruxa solitária vai varrer ritualisticamente o chão dentro do círculo mágico com uma vassoura de bruxa, feita geralmente de palha e madeira, afastando simbolicamente tudo que for obsoleto. Fazer uma faxina geral na casa logo antes do Imbolc também é um ato ritualístico. Livros, roupas e enfeites velhos ou que não queremos mais podem ser jogados fora, junto com aquilo que eles representam para nós. Também podemos vendê-los ou doá-los. Isso abre espaço para o novo.

O círculo deve ser varrido no sentido anti-horário, que é o sentido para expulsar as coisas indesejadas. Pense no que você está varrendo magicamente para longe, do mundo e de sua própria vida. O que precisa ir embora para as novas possibilidades criativas surgirem? O desespero? A falta de percepção? O medo? As limitações impostas pela hierarquia? A rejeição à mudança? A culpa? A alienação? A solidão? A privação? Escolha aquela que mais te incomoda e visualize-a sendo varrida para longe. Jogue pedaços de palha ou de papel em frente à vassoura, para representar os vários aspectos desse obstáculo, e nomeie-os enquanto varre. Quando os pedaços estiverem empilhados, coloque-os em uma caixa ou lata na face sul de seu círculo. Depois, quando tiver terminado o ritual, queime-os.

Coloque a vassoura no chão e dance no sentido horário, o sentido do sol, em um círculo renovado do mundo e de sua vida, para receber a primavera em sua inspiração e renovação.

Cante *"Fogo da primavera! Primeiros sinais da luz!"* em um canto mágico enquanto dança em círculos. Imagine o efeito do prolongamento dos dias sobre a terra e a natureza. Visualize as flores, as primeiras folhas brotando. Veja os relâmpagos no ar, os primeiros sinais da primavera. Se o chão ainda estiver coberto de neve, será preciso imaginar! E ainda assim existe algo perceptível, já que este é um momento de virada. Permita-se senti-lo.

Quando terminar de dançar, feche as mãos em torno da base de uma vela apagada, como forma de consagrá-la. Essa pequena vela agora será sagrada para a luz da inspiração. Acenda-a, dizendo: *"Queime e brilhe, pois você é parte do sol. Dedico-te à inspiração, pela Deusa Donzela e pelo novo Deus do Dia"*.

Em seguida, as velas pequenas são acesas a partir da principal. Cada uma semeando uma nova ideia ou sonho, sendo uma invocação para fazê-los crescer com a luz da primavera e alcançar fruição. Arranje as velas pequenas em círculo em volta da vela principal. Nem todo mundo tem velas pequenas em quantidade suficiente para fazer isso, mas algumas velinhas de aniversário fincadas em esferas de massinha de modelar já servem. Suponho que isso vá chocar os praticantes da Alta Magia, já que não há nada de cerimonial nisso! Mas sou da opinião de que a Deusa tem preferência pela magia culinária, já que as velas e suportes festivos são acessíveis para todo mundo. Eles são despretensiosos. O efeito visual é bom e, do ponto de vista mágico, eu sou testemunha de que funcionam. Na verdade, creio que esse tipo de coisa faz parte da essência da bruxaria solitária, se não for da bruxaria como um todo. Você precisa fazer a Coroa de Luzes para Bride. Então olhe em volta e encontre a massinha de modelar de seu filho, algumas velas que sobraram do último aniversário dele e uns suportes não utilizados. Essa é a magia em meio à vida. E embora fosse ótimo se você pudesse pagar por velas de cera de abelha novinhas e três castiçais de cerâmica, a magia produzida por eles não seria mais eficiente.

Acenda cada vela dizendo algumas palavras de invocação: "*Acendo esta vela para...* (insira aqui o nome do plano ou desejo escolhido)". Uma bruxa solitária terá no máximo três velas pequenas em volta da vela grande (lembre-se, para garantir a concentração máxima, faça só três feitiços ou desejos). Um casal terá três velas para cada pessoa.

Suas invocações devem ser positivas para aqueles à sua volta e em favor da vida em geral, independentemente de serem pedidos para atender às suas necessidades ou às de outra pessoa. Ou seja, elas precisam ser harmoniosas e em prol do que for melhor para você. As bruxas têm apenas um mandamento, chamado de conselho das bruxas, mas ele é inequívoco: "Faça o que desejar, sem a ninguém prejudicar". Não acredito que qualquer um de vocês usaria intencionalmente a magia para tentar controlar ou manipular a vida de outra pessoa. Mas podemos cometer erros de maneira não intencional, pois nós, mortais, nem sempre conhecemos a melhor solução para todas as situações. E existe outra crença, que é: "O que você envia retorna a você triplicado, seja para o bem ou para o mal".

Invocações que pedem a paz de espírito, a paz na terra, a cura, que o amor ideal (desconhecido) venha até você, que você ou outra pessoa possa se livrar do vício de fumar (ou qualquer outro) são exemplos que obviamente não fazem mal a ninguém. Mas nenhum feitiço deve ser lançado sem uma profunda reflexão sobre todas as suas implicações quando bem-sucedido. Nunca é certo interferir na autonomia de outra pessoa. Alguns chegam a dizer que mesmo um feitiço de cura não deve ser feito sem a permissão da pessoa em nome de quem ele será lançado. Na verdade, não é má ideia ter toda essa cautela, já que é raro a magia não fazer efeito. No entanto, às vezes, ela sai pela culatra, como qualquer outra atividade.

Acima de tudo, lembrem-se da vida da Mãe Terra, pois vocês são sacerdote e sacerdotisa da magia da natureza. As necessidades humanas podem e devem ser atendidas, mas não às custas do meio ambiente ou ignorando as demandas da Terra. Isso seria uma traição ao seu verdadeiro papel.

Após acender as velas, é bom trazer uma oferenda e colocá-la no altar para Bride. Traga algo que você se sentiu inspirada a fazer: uma peça de cerâmica, de costura, uma música, um poema, uma foto, uma ideia de algo relacionado ao seu trabalho, alguma coisa em metal ou madeira, aquilo que você tiver. Coloque o item no altar e agradeça. Isso simboliza a dedicação de todo o seu trabalho futuro à Deusa.

Conclua seu ritual com uma comunhão, juntando-se à Deusa e ao Deus, comendo pães, bolos e bebendo o vinho sobre o qual você gentilmente impôs as mãos, pedindo a eles que o abençoassem e o tornassem sagrado. Se, por algum motivo, você não quiser beber ou não tiver vinho em casa, um suco de fruta serve. Na verdade, até água serviria, mas é melhor usar um pouquinho de vinho ou um suco concentrado de maçã, pois essa deve ser uma comunhão alegre, e não uma junção de migalhas de um prisioneiro!

Toda celebração de um ritual da lua cheia deve ser encerrada com a comunhão. Não se trata de uma paródia da comunhão cristã, já que é algo bem mais antigo. Em vez disso, é o reconhecimento e a celebração do amor entre a Deusa e o Deus que criaram o mundo, o pão, o vinho e vocês. É uma forma de juntar-se a eles e a todas as formas de vida.

Já falei bastante da Deusa e do Deus em nome de quem trabalhamos. Mas quem são eles? Esse é um assunto para a próxima carta, já que há muito o que dizer. Eu deveria, talvez, ter começado com isso. Mas sei que vocês gostariam de saber o que as bruxas fazem em um sabá nos dias de hoje. Tentei dar uma ideia, em termos simples, do que uma bruxa solitária faz.

Enquanto isso, pensem na Deusa e no Deus como arquétipos dos primeiros pais de toda a vida; não como seres que criaram o mundo em um minuto e depois se distanciaram de sua criação; mas estão continuamente envolvidos, envolventes e manifestados, assim como ao nosso alcance pela poesia, pelo mito e pela exploração interior.

Espero que isso deixe algumas coisas claras.

Eu não presumo que vocês façam o ritual completo, esse que descrevi. Guardem-no para o próximo Dia de Bride. Já que eu não expliquei como lançar um círculo, as instruções não estão completas. No entanto, eu gostaria que vocês fizessem uma versão simples do ritual, se desejarem. Acendam velas, meditem, vejam como vivenciam pessoalmente essa parte do ano e o que se sentem inspirados a fazer.

Em breve, eu explicarei como lançar um círculo mágico. Aí, vocês poderão experimentar o ritual completo, se quiserem, antes da iniciação. Talvez estejam se perguntando por que precisam se preocupar com uma iniciação, já que podem fazer magia, cultuar os deuses e tudo o mais sem ela. Bem, uma resposta é que essa já é uma forma de iniciação. Em certa medida, vocês serão iniciados no minuto em que fizerem, de qualquer forma, a primeira celebração da mudança das estações. A autoiniciação formal, como a estamos discutindo aqui, é o primeiro passo para um caminho de comprometimento total. Antes disso, vocês ainda podem recuar. Quando o momento estiver se aproximando, vocês vão saber se querem ou não prosseguir.

Abençoados sejam,
Rae

New Green
Avonford
20 de fevereiro de 1987

Queridos Tessa e Glyn,

Prometi contar mais sobre o Deus e a Deusa das bruxas. Também acabamos de comemorar o Imbolc (Dia de Bride), e eu gostaria de contextualizar esse festival para oferecer uma visão completa do ano das bruxas. Como eu disse em minha última carta, as duas coisas estão ligadas, já que os oito festivais são celebrações dos eventos da vida na Terra, nos quais a Deusa e o Deus se manifestam. Por isso, posso escrever sobre os dois assuntos na mesma carta.

Nem todas as bruxas entendem essa história exatamente da mesma maneira. É uma afirmação poética, não uma fórmula química. Portanto, existem muitas formas de interpretá-la, como é o caso com qualquer símbolo ou sequência de imagens. Vocês vão se conectar com ela de um jeito pessoal, que vai mudar com o tempo, assim como vocês mudarão. O primeiro entendimento será modificado pela intuição e pela experiência, junto com o apanhado de conhecimento adquirido.

Este é meu entendimento atual, para dar-lhes um ponto de partida. Ele começa com um paradoxo. Eu pego um ano novo e digo: "É aqui que o ciclo começa", mas não existe começo nem fim para um círculo. E o ano segue um ritmo cíclico, não uma progressão linear. O Samhain (Halloween) era o ano novo celta e é comemorado como tal pela maioria das bruxas. O solstício de inverno é outro candidato óbvio à comemoração de ano novo. Mas o festival com o qual é mais fácil se conectar em termos de um novo começo é o Imbolc. É a época do início da primavera.

O processo de crescimento e renovação acaba de ter início. A Deusa é jovem e virgem novamente, e o Deus, renascido no solstício de inverno, agora surge como um homem jovem. O amor deles promete realização, crescimento e fertilidade a todas as coisas. No próximo festival, o do equinócio da primavera, as luzes e as trevas estarão equilibradas: dia e noite terão a mesma duração, mas a luz estará crescente. A essa altura, o Deus Jovem finalmente "rompe as correntes do inverno".

Agora eles estão prometidos um ao outro e sua união sexual traz um novo equilíbrio a todas as formas de vida.

Em Beltane, o festival da véspera de maio para o hemisfério norte e véspera de novembro para o Sul, que vem depois do equinócio da primavera no ciclo anual, a Deusa e o Deus estão "casados".

É claro que seria impossível a Deusa se tornar esposa de alguém no sentido cristão da coisa. Não é isso que eu quero dizer. Em vez disso, eles se conectam como parceiros de verdade, no amor. Pois o amor existe como um fato objetivo e subjetivo, sendo a mais importante de todas as emoções no nosso rol psicoemocional de experiências. O amor pertence à Deusa e ao Deus, em seu papel de jovem Eros, em êxtase, com um misto de reverência e desejo que tanto transformam quanto renovam. Quando o amor é genuíno, ele é impessoal — reconhecendo o deus e a deusa em cada homem e mulher — e intensamente pessoal, centrado intimamente na pessoa amada. Assim, em Beltane, o Deus e a Deusa estão "casados".

Paradoxalmente, esse festival era celebrado com orgias pelos pagãos no passado. Ou seja, com o amor sexual e o desejo, tanto o pessoal quanto o impessoal. Podemos conhecer um tipo de amor em sua essência mais pura se não experimentamos o outro? Eu acho que não.

No folclore, a Deusa se transforma em um veado branco na noite da véspera de maio (ou novembro, como já disse antes). O Deus Jovem é um caçador. Ele a persegue floresta adentro e a captura. Encurralada, ela se transforma em uma linda mulher. Ele faz amor com ela e morre de amor em seus braços para renascer instantaneamente, mas como um ser transformado. A Deusa também está mudada, uma vez que agora ela é fértil. A vida e a criatividade estão asseguradas.

O imagético sexual é o tema mais forte e recorrente da bruxaria. Ele é o principal símbolo de integração das bruxas. Nessa imagem, a bruxa busca se harmonizar com o fluxo natural da vida, bem como reconciliar o intuitivo e o racional, o interno e o externo, o passivo e o ativo dentro de sua própria natureza. Pois esse é o casamento íntimo entre o sol e a lua. O sexo também é enfatizado porque é o meio pelo qual viemos à vida. Dessa forma, vale a pena dizer mais uma vez: para uma bruxa, a sexualidade é sagrada. O prazer sexual é uma verdadeira celebração da vida, um ato de idolatria. Ele é o mistério, a força por trás das estrelas.

Talvez seja a hora de explicar melhor a natureza do Deus e da Deusa. Como eu disse, o Deus é geralmente representado como metade homem, metade animal, sexualmente forte, selvagem, indomável e sábio. Ele é, na verdade, o Pai de todas as formas de vida, o Pai Natureza.

Ele sempre foi conhecido como o Deus do campo e cultuado pela população rural sob diversas formas e nomes. Entre elas, estava o Pã grego, com seus chifres e cascos fendidos; e o Cernunnos celta ou o inglês Herne, exibindo uma galhada de alce. Devemos pensar nele como a energia instintiva da vida. No plano além da vida, ele é o guardião e o guia. Um de seus muitos nomes é Senhor da Morte, morte que leva ao renascimento. Embora a Deusa seja uma trindade de indivíduos, três em uma, o Deus é dual. Como Deus do ano crescente e Deus do ano minguante, suas duas faces são reconciliadas pelo amor da Deusa. Isso os mantêm em uma relação um com o outro.

Ele também é o Deus do Dia e o Deus da Noite. Como Deus do Dia, ele é jovem, forte, viril, um caçador que toma com gratidão apenas o necessário. Recentemente, os indígenas norte-americanos viveram esse aspecto dele de maneira suficientemente meticulosa, a ponto de se tornarem seu exemplo arquetípico na cultura ocidental. Um dia, todos os homens viveram assim, e talvez pudéssemos dizer que o Cornífero realmente caminhou sobre a Terra. O Deus da Noite é um ancião sábio, um xamã. Ele entende os mistérios e pode curar as feridas. Poeta, contador de histórias, professor e feiticeiro, sua essência é a sabedoria e ele é capaz de transcender todas as barreiras, inclusive aquela entre a vida e a morte. Seu espírito é um viajante.

Todo homem pode expressar ou manifestar um ou ambos os lados do Deus, através da conexão com a vida e da reconciliação consigo mesmo. Então sua vida será a de um sacerdote e filho do Deus Cornífero. É claro que, em nossa cultura, o Deus Cornífero não é reconhecido. Assim sendo, os homens determinados a fazer isso não recebem nenhum incentivo, já que o Deus Cornífero não está interessado no capital ou no lucro, menos ainda no estupro e na dominação das mulheres e de todo o mundo natural. Seus interesses são o sexo praticado com alegria, brincadeiras, travessuras, música, dança e a busca interior por sabedoria. Ele gosta de estar vivo, e isso é tudo. Seu estilo de vida era seguido quando o mundo era muito mais jovem, quando a humanidade vivia em equilíbrio ecológico com a natureza. Quando a Deusa Tríplice era cultuada de maneira universal.

A bruxaria é uma religião centrada na Deusa. Talvez eu devesse ter começado com uma descrição dela. Não que eu consiga "resumir" qualquer uma das divindades. Seria como colocar a vida dentro de uma caixa. Mas o Deus Cornífero possivelmente exigirá mais explicações, pois foi ele, com suas patas de bode, metade homem e metade animal, que os cristãos transformaram em "bode expiatório". Transformaram sua imagem com chifres e cascos fendidos, de sexualidade forte, na ideia que eles tinham do diabo, do príncipe do mal. E hoje o mundo é pior do que cinza sem o Deus Cornífero e seu riso, sua liberdade, alegria, lascívia sincera e música. É terrível e perigoso quando os homens são hostis às forças vitais, odiando abertamente ou em segredo os seus corpos, os corpos das mulheres e a própria Terra, escondendo-se atrás de seus cartões de crédito, carros velozes e mísseis. O Deus Cornífero não sente ódio. Ele se realiza constantemente em sua dança da vida, sua parte na criação. Se a Deusa é a base de nossa existência, ele é o que se lança, viaja e ainda assim retorna a ela, enriquecido de sabedoria amorosa. Se ela é silêncio e paz, então a música e a dança são o domínio do Deus Cornífero, que é alegre e sempre livre. Nas mulheres, ele é o "masculino interior", algo como o animus descrito por Carl Jung. Nos homens, o Deus Cornífero é aquele que impele seus próprios ossos à ação.

A Deusa, tripla criadora da vida, já foi conhecida por muitos nomes. Algumas bruxas a chamam de Arádia. Ela também é conhecida como Bride, Diana, Astarte, Marian, Ártemis e Ceridwen. Enquanto Mãe Terra, chamam-na de Gaia. Listar todos os seus nomes demoraria muito, mas ela está nos mitos e histórias do folclore em todos os lugares. Vocês podem chamá-la de Grande Deusa, Mãe ou Senhora da Sabedoria, o que soar melhor. Ela foi cultuada em todo o mundo pré-histórico e está sempre conosco, mesmo quando não a cultuamos nem a reconhecemos. Porque a Deusa, assim como o Deus, não é uma abstração na qual precisamos "ter fé". Diferentemente dele, ela nos contém e nos sustenta de forma constante. Podemos senti-la no coração das coisas. Podemos encontrá-la nas pedras, nas árvores, nos lagos, nos oceanos, em todas as criaturas vivas. E seu mistério é aquele que percebemos e conseguimos sentir. Ela não apenas é a lua em suas três fases mas também a Mãe Terra e todas as manifestações da lua na terra. Ela é a inteira e infinita hospedeira das estrelas. Acima de tudo, ela é o espírito em todas essas coisas e a essência da paz e da plenitude em cada um de nós.

Ela também é o processo da morte que abre caminho para a vida nova. Ela é a morte em vida, assim como a vida na morte. Nela, esses opostos se reconciliam por meio do Círculo do Renascimento. Nela, todas as coisas mudam de forma, todas as mudanças acontecem pelo movimento constante e por todas as diversas danças da vida.

Ela é a base de nossa existência, até onde nosso conhecimento é capaz de alcançar. Com frequência, ela é tida como a Deusa da lua ou da lua na terra, devido à conexão desse astro com os ciclos menstruais e os processos de concepção, gestação e parto. E porque a lua brilha para nós à noite, hora de mistérios, poesia, encantamento e sonhos. Hora da intuição, da sabedoria que vem do feminino.

A primeira de suas fases é a da Virgem. Ela é o começo desestruturado da vida, indomável, e dá início às coisas. As jornadas por território desconhecido são seu domínio, sejam elas pelo mundo ou para dentro de nós mesmos. Um dos seus nomes é Senhora das Coisas Selvagens. Ela fica à vontade nos lugares ermos, longe das cidades. Toda mulher pode exibir atributos da Virgem, qualquer que seja a sua idade.

A Mãe é aquela que traz o nascimento. Ela está presente sempre que terminamos um livro ou um poema, uma música ou uma pintura, quando realizamos um sonho ou levamos um projeto até o fim. A Mãe deu à luz todas as coisas: todos os mundos, todos os pássaros e animais, peixes e rochas, árvores e flores. No sexo, ela é o orgasmo. Na vida, é a realização, a completude. Ela é primordial, a fonte vital. Antes dela, havia a unidade primitiva, aquela que, paradoxalmente, existia antes de toda a vida começar e continuará existindo ao fim da vida, antes do renascimento. Essa é a harmonia completa, a verdadeira união entre os sexos, um estado de possibilidades apenas latentes. Mas quando a vida se manifesta sob qualquer forma, é trabalho da Mãe da Vida. Estatuetas pré-históricas a mostram com uma barriga de grávida e seios enormes, agachada para dar à luz. Essas obras enfatizam o sangue e o leite da maternidade, sua realidade física e poder grandioso, junto com a capacidade de nutrir e de cuidar.

A Anciã, a velha bruxa sábia, tem a ver com a sabedoria da terra e das estrelas. É a essência de toda a experiência e intuição. Ela cura e conhece as ervas e todos os mistérios. Assim, enxerga os padrões, conhece o futuro e pode nos dar conselhos. A ela pertencem a sabedoria interior, a habilidade para o transe, a divinação e o poder psíquico. A Anciã termina as coisas, tirando do caminho aquilo que não serve mais e abrindo espaço para a vida nova. Ela é o poder da lua minguante. Nela, buscamos conhecer a raiz das coisas ou então trazemos a energia de volta às nossas próprias raízes, como as plantas no inverno.

Mas não existem três Deusas. Em vez disso, existe uma, a Deusa Tríplice, três em uma. Ela é todas as três fases ao mesmo tempo.

Assim, depois de uma longa pausa em Beltane, vou continuar a história dos oito festivais do ano, que mostram a Deusa e o Deus criando e sustentando a vida e provocando as mudanças. Na verdade, falar de cada um deles separadamente é como falar da noite sem mencionar o dia, ou vice-versa.

No solstício de verão, alcançamos um pico de completude. Nessa hora, a coisa muda de figura. O Deus é um homem no ápice de sua força e virilidade, e a Deusa, a Rainha do Verão. Eles alcançaram o ponto máximo de seu florescimento exterior. São um homem e uma mulher no auge de seu amor físico e perfeição. Contudo, o sol dessa grande celebração e do ano terreno começará a minguar, e tem início a jornada interior para o plano do pós-vida, a Terra do Verão. Desse modo, o Deus é transformado de dentro para fora. "Ele zarpou para a Ilha do Renascimento" é como falamos dessa mudança e a simbolizamos. Externamente, na natureza, seu poder vai para os grãos, à medida que o sol amadurece o que a Mãe Terra produziu.

A Deusa é toda beleza e abundância nessa fase. Ela preside a transformação do Deus, que acontece por meio do amor dela. E é por meio do êxtase compartilhado entre ambos que ele se transforma em seu outro lado. Ela é a satisfação, as folhas verdes e as flores de múltiplas cores do verão pleno, e toda alegria, amor e paixão. Em abundância, ela simplesmente é. E nela nós nos realizamos.

No Lammas (Lughnasadh), a Deusa dá à luz. É o festival da primeira colheita. O Deus morre novamente para a Deusa. Seu poder foi transferido para o milho, que agora começa a ser colhido: a Deusa precisa da energia e da vida dele para que a vida nova possa nascer. Ela se torna a implacável, a ceifadora da morte, assim como a Mãe abundante, Senhora da Colheita. O Deus, após seu sacrifício como Rei do milho, renasce, tornando-se o pão da vida. A narrativa cristã em torno da morte, da ressurreição e do pão enquanto corpo é uma variação dessa história original. As imagens dessa vez são o funeral e o renascimento, assim como o pão. Um sacrifício para que a vida possa continuar.

Em tempos antigos, o sacrifício do Deus era representado pelo assassinato real de um homem, mas alguns acreditam que isso aconteceu só nos momentos da História (ou da Pré-História) em que as práticas pagãs se desviaram de sua pureza original e tornaram-se decadentes. Os mitos e as lendas mostram que o costume (talvez o costume original) era sacrificar um substituto para um homem, como um animal ou uma imagem. Na Irlanda, havia uma lenda em torno de um homem enterrado até o pescoço por três dias durante o Lughnasadh. Ele era libertado no terceiro dia. Por mais que os festivais sejam celebrados de forma gentil nos tempos modernos, há registros de que sangue era derramado com frequência no passado, embora não sejam os rios de sangue das guerras modernas dedicadas ao deus do dinheiro. Afinal, são os traficantes de armas que lucram em todas as guerras.

No Mabon, o equinócio de outono, encontramos o Deus e a Deusa da Abundância. Esse é o Festival da Colheita. Eles estão cercados pelos frutos de suas vidas e de seu amor. Agora, a luz e a treva estão mais uma vez em equilíbrio, mas a luz está minguando. O Deus já envelheceu muito se comparado ao equinócio da primavera. É tempo de avaliar e agradecer. Essa é a colheita em contraposição à escassez, um momento de ponderar e olhar para trás com a perspectiva do julgamento maduro. Essas avaliações devem ser conduzidas com sabedoria. Agora, o Rei Sol se torna o Senhor das Sombras. No entanto, nessa época a Deusa nos oferece mesas fartas e celeiros e despensas abastecidos. Há frutas nas árvores para os pássaros e os outros animais fazem estoque para o inverno com o que ela lhes deu. É um festival de celebração, uma ação de graças.

No festival do Samhain (Halloween), iniciamos um novo ano. Terminamos no começo e começamos no fim. É o festival do Retorno dos Mortos. Os portões entre a vida e a morte, assim como aqueles entre mundos, estão abertos. Os vivos podem se encontrar com os mortos e com os não nascidos para trocar informações e afeto, se desejarem. As bruxas não "trazem os mortos de volta". Elas consideram isso errado. Os mortos não estão nem deveriam estar à nossa disposição o tempo todo, pois a morte envolve vários processos de purificação e reequilíbrio espiritual, sendo ela o descanso e a comunhão profunda com a fonte de toda a vida. Isso pode implicar em fases de aprendizado e preparação para a vida nova, para a próxima reencarnação. Porém, na noite da morte do ano, as bruxas abrem um espaço (psíquico) para seus entes queridos que já faleceram voltarem, se quiserem e puderem.

No Samhain, a Deusa se torna a Anciã. Ela traz o conhecimento que pode parecer doloroso à primeira vista, mas que conduz à sabedoria. O Deus é o Senhor da Morte, o guia nos dias escuros de inverno.

No solstício de inverno, o ciclo inteiro recomeça. Não como esperado, com a progressão de Anciã para Donzela, acompanhando a sequência das fases da lua. É a noite mais escura do ano. Há um momento de pausa, de espera. Será que a luz vai renascer? Será que o sol vai voltar? A escuridão profunda reina, assim como no interior do caldeirão da Grande Mãe. Nesse receptáculo de transformação, o antigo Senhor das Sombras se torna o novo Rei Sol, o Filho da Promessa.

Em outras palavras, durante a temporada de Yule, tudo deve voltar à Mãe — a velha relação entre o túmulo e o útero. Na celebração cristã do Natal, as pessoas ainda hoje comemoram o nascimento de uma criança-sol, Jesus, já que a Igreja considerou essa época a mais apropriada para o evento. E todos nós, embora talvez obedecendo a um velho chamado interior, retornamos às nossas mães e à casa da família. Isto é, a menos que sejamos mulheres maduras. Nesse caso, nós é que somos as mães a dar as boas-vindas e a cuidar da família e dos amigos. Ou a menos que sejamos homens maduros que apoiam as mães, sendo seus parceiros. Mas o papel do pai é um tanto nebuloso, como o do José cristão. De certa forma, ele representa o ano que passou. Seu filho e rival, o Deus do ano crescente, está nascendo. Esse processo foi registrado em muitas encenações antigas, como a dos mascarados de Marshfield, no condado de Avon, nas manhãs do Boxing Day.*

Falando de maneira mais pessoal, um homem sensível às próprias mudanças internas consegue se sentir redirecionado para a vida durante ou logo após o solstício de inverno.

Para as mulheres, a experiência também é de mudança e renovação. Mas enquanto ela é o meio pelo qual o homem se renova e renasce, na vez dela, ele apenas a apoia e guia no processo de *dar à luz a si mesma*. Seu papel é o de proteção.

E então, tendo retornado à Mãe, começamos de novo. A roda gira. No Imbolc, a Donzela aparece junto com o Deus Jovem que nasceu no solstício de inverno.

---

* O Boxing Day é um feriado comemorado pelo Reino Unido no dia 26 de dezembro. (Nota da tradutora, de agora em diante N. T.)

No Yule, o solstício de inverno, acontece o evento mais mágico de todo o ano. Por um momento atemporal, todas as coisas se renovam. Não apenas o Deus do ano minguante morre para renascer como Deus do ano crescente, mas a Deusa dá à luz sua própria versão mais jovem. Tudo na natureza se restaura.

Harmonizamo-nos com o ano celebrando todos esses festivais e estando em sintonia com eles em nossa vida. Por mais longe que estejamos do campo, todos nós dependemos dos ritmos desse ano natural para conseguir alimento e suster a vida. Por isso, integramo-nos aos padrões arquetípicos da mudança e do crescimento, seja no ano ou em toda a nossa vida.

Normalmente, há uma concordância em torno das datas dos sabás principais (festivais). São eles: Imbolc, Beltane, Lammas e Samhain. Mas a data varia de ano para ano, no caso dos equinócios e solstícios, e é preciso conferir na efeméride atual.

Sabá	Hemisfério Norte	Hemisfério Sul
Yule (solstício de inverno)	20 a 23 de dezembro	21 ou 22 de junho
Imbolc/Candlemas	2 de fevereiro	1º de agosto
Ostara (equinócio de primavera)	20 a 23 de março	22 a 24 de setembro
Beltane	30 de abril	31 de outubro
Litha (solstício de verão)	20 a 23 de junho	21 ou 22 de dezembro
Lughnasadh/Lammas	1º de agosto	1º ou 2 de fevereiro
Mabon (equinócio de outono)	20 a 23 de setembro	21 de março
Samhain/Halloween	31 de outubro	30 de abril

Gostaria de fazer um último comentário sobre esses conhecimentos antigos que foram mantidos vivos na bruxaria. Podemos celebrar festivais antigos e nos intitular pagãs modernas (o que realmente somos), mas nossas práticas são muito diferentes daquelas de nossos ancestrais. Não podemos evitar o fato de que estamos no século XXI. Não podemos deixar de ser o que somos, se queremos que nossa crença seja genuína e se mantenha viva. Do contrário, nossos ritos e cerimônias serão meros eventos "pitorescos" e vazios de significado. Devemos reinterpretar as crenças antigas à luz do conhecimento atual proporcionado por disciplinas como a psicologia, a teoria feminista, o ambientalismo, a nova física, a pesquisa paranormal e o psicodrama. A bruxaria moderna é uma religião nova. Ela cresce da semente da velha árvore pagã, mas difere daquela árvore por ser nova. O velho paganismo morreu na Europa. Foi morto de maneira deliberada, aliás, durante a grande perseguição às bruxas (aquela que hoje chamamos de Caça às Bruxas).

Os temas básicos do antigo paganismo fundamentam todas as formas de vida. Elas têm a ver com padrões arquetípicos e, por isso, a religião mais antiga de todas tinha de renascer. Ainda assim, existem diferentes estilos e abordagens dentro da bruxaria moderna. Ao trabalhar fora de um *coven*, meu objetivo como bruxa solitária é encontrar, da forma mais simples, a essência, o verdadeiro espírito da Arte.

Enfim, acho que isso é suficiente por enquanto.

Abençoados sejam,
Rae

New Green
Avonford
3 de março de 1987

Queridos Tessa e Glyn,

    Escreverei agora sobre como lançar um círculo mágico. Se você é um bruxo ou bruxa, este é o seu templo: uma criação efêmera e transitória. Prédios suntuosos e artefatos caros não são para nós. Em vez disso, usamos um círculo, lançado novinho em folha onde quer que estejamos. No mundo ideal, vocês provavelmente estariam ao ar livre, no meio da floresta e usando um toco de madeira como altar. Ou então no topo de uma colina com uma grande fogueira acesa. Mas como a maioria de nós não vive mais assim, vocês provavelmente estarão em casa. Dito isso, também preciso esclarecer que quem nunca procurou o Deus e a Deusa nas florestas, campos, árvores, flores ou em uma colina varrida pelo vento, entendeu muito pouco do nosso objetivo.

    Antes de lançar o círculo para o ritual da lua cheia, vá para um lugar ao ar livre e contemple a lua no céu. Essa é uma comunhão necessária. Observe e sinta a luz prateada e o poder que ela tem. Sinta em seu coração e mente, corpo e espírito.

    Ao voltar para dentro, você vai se preparar para tomar um banho, de banheira ou chuveiro, tanto faz. Essa se tornou a "tradição" moderna. É um ritual simples de limpeza física e psíquica. Você pode adicionar ervas purificadoras ou um punhado de sal à água do banho. Ele nos oferece um espaço de transição: do dia a dia para uma consciência mágica elevada. É uma boa adaptação. Vale a pena colocá-la em prática ainda que nossos ancestrais, na ausência de banheiros, se preparassem para o ritual de outra forma.

Após o banho, vista roupas limpas. Você não deve usar desodorante, gel para cabelo ou qualquer perfume não artesanal. Mantenha os cabelos soltos e deixe os acessórios em geral (relógios de pulso, presilhas de cabelo e joias não consagradas) do lado de fora do círculo. Do contrário, vibrações e associações vindas desses itens podem atrapalhar o ritual. De preferência, vista um robe de fibras naturais, um que você use exclusivamente para fazer magia. Se não gostar da ideia de usar um robe, faça sua própria "roupa de trabalho". O verde é uma ótima cor para fazer magia natural; já o azul é a cor da Deusa. O marrom nos lembra de nosso contato com a terra e nossa dependência dela. Existem vários livros excelentes sobre o simbolismo das cores. Esse conhecimento, junto com o da magia das ervas e das propriedades ocultas dos objetos e fenômenos naturais, é o tipo de coisa que uma bruxa ou bruxo deve dominar.

No caso das mulheres, existe uma tradição que vale a pena ser seguida, independentemente do que ela vista ou deixe de vestir: o uso de um colar. Ele conecta as mulheres à Deusa, pois representa o círculo do renascimento. Qualquer colar serve, desde que seja feito com materiais naturais — cerâmica, vidro, pedras semipreciosas e contas de madeira são todos bem-vindos. Já o plástico e outros materiais não orgânicos são impróprios: Não têm vida e são maus condutores da energia etérea. Desse modo, não são apropriados para se trabalhar com magia.

Essa regra (de usar apenas materiais orgânicos) se aplica a todos os instrumentos da bruxaria. O primeiro instrumento é uma adaga mágica, chamada de atame. Não precisa ser a faca de cabo preto e lâmina estreita das tradições ocultas. Um punhal pequeno e dobrável serve perfeitamente, e a faca de cozinha também é uma ótima opção. Escolha uma que pareça em sintonia com a prática de magia. Talvez ela tenha um formato "primitivo" e um cabo de madeira. As facas que têm bainha também são outra possibilidade. Vasculhe a casa até encontrar uma que desperte sua imaginação. Dizem que você nunca deve pechinchar ao comprar sua faca mágica. Você pode usar uma faca que não seja nova, desde que conheça o histórico dela e tenha certeza de que ela nunca foi usada para cometer qualquer forma de violência. Você deve lavar todos os seus itens mágicos e deixá-los de molho em água salgada por uma hora ou mais. Isso removerá as associações anteriores e fará uma limpeza mágica neles.

Depois de marcar e desobstruir a área do círculo — com cerca de 2,70 metros de diâmetro, se o espaço for grande o suficiente — você deve arrumar o altar dentro dele. Pode ser uma mesa reta, um aparador pequeno ou algo que tenha construído especialmente para os rituais. Posicione-o na face norte do círculo, pois o altar de bruxaria deve estar voltado para essa direção. Isso é necessário porque o poder, ou seja, a corrente de energia da Terra, vem do norte. Também é uma demonstração de reverência por toda vida, pela Deusa que se manifesta na natureza. Nas crenças mágicas, o norte é a direção que corresponde à existência terrena.

Sobre o altar, vocês podem distribuir o atame, um pouco de incenso comum (ou em varetas), duas velas, uma pequena tigela com água e uma pedra. Vocês também precisarão de pão e vinho, além de um cálice para a comunhão. No centro do círculo, posicionem uma panela grande de esmalte preto, de ferro ou de cerâmica, representando o caldeirão. Dentro dela pode haver água, ervas, uma vela, flores ou aquilo que for mais apropriado para o ritual que vocês pretendam conduzir.

Os itens que usamos para trabalhar com magia são tanto simbólicos quanto detentores de uma vitalidade etérea real. Seu significado vem de muito tempo atrás, da expressão e do entrelaçamento dos quatro elementos, nos quais toda a vida encontra forma e existência. Quando a Deusa cria a vida, os elementos são seus materiais brutos. E cada um é comandado por espíritos guardiões elementais. Eles representam diferentes níveis ou áreas da vida. O ar é a mente; o fogo é a energia vital (a eletricidade), a centelha da vida ou Linha de Ley; a água representa a alma ou as emoções; e a terra é o corpo físico. O caldeirão simboliza o quinto elemento: o Éter, ou plano dos espíritos. Ele é o receptáculo da própria Grande Mãe, onde toda a transformação acontece. Pense nele como tudo e nada. Lá dentro, tudo pode acontecer. Ele é pura transcendência, o ponto onde termina o entendimento consciente; é representado pelo caldeirão (ou pela panela), porque cozinhar é um processo de transformação, a alquimia mais básica. O caldeirão é o mistério de toda a criação. Todos os outros elementos nascem, são mantidos e defendidos pelo quinto elemento, o Éter.

Eu já disse que esses símbolos vêm de um conhecimento muito antigo. Ele aparece na mitologia, na qual os quatro "tesouros" que representam os elementos são geralmente a espada, a varinha ou lança, o cálice e uma pedra. Do mesmo modo, as cartas do tarot baseiam-se no reconhecimento dos elementos, com espadas, bastões, taças e pentagramas que mostram o ar, o fogo, a água e a terra, enquanto o quinto elemento, o Éter, aparece nas cartas dos arcanos maiores. A astrologia também reconhece os quatro elementos e compreende toda a essência de qualquer diagrama, toda a *Gestalt*, como o quinto elemento, o espírito. Cada uma dessas tradições compartilha com a bruxaria moderna suas origens no conhecimento oculto pagão.

Acenda as velas e o incenso. Percorra o círculo no sentido horário, que é o sentido da construção e da criação, apontando a faca com firmeza para as bordas do círculo. Imagine que uma luz azul sai da ponta da faca. Isso acontecerá de verdade, mesmo que você não consiga ver: o que imaginamos contém uma realidade astral verdadeira e se manifesta no campo acessado por clarividentes e pessoas com habilidades psíquicas. Visualize a luz azul preenchendo todo o espaço em torno do círculo, como se fosse a casca um pouco mais grossa de uma laranja, de modo que você esteja dentro dele mesmo se pisar na borda externa do círculo. Você está dentro de uma esfera azul. Percorra o círculo três vezes, afirmando que desenhou o círculo mágico em nome da Deusa Tríplice do Círculo do Renascimento e do Deus Cornífero, como receptáculo dos poderes sagrados e como forma de proteção. Devolva a faca ao altar.

Em seguida, percorra o círculo conduzindo o incenso no sentido horário e ofereça-o, erguendo-o alto no lado leste do círculo. Você vai precisar usar uma bússola para conferir essas direções antes de fazer o ritual. Ao elevar o incenso, peça aos Espíritos Guardiões do Leste, os abençoados espíritos do ar, que testemunhem o ritual e protejam o círculo. Termine de percorrer o círculo e coloque o incenso no chão, na parte leste.

Percorra novamente o círculo, levando uma das velas (a outra é a sua vela do altar). Ofereça aquela que tem em mãos no ponto sul do círculo e diga: "*Eu invoco os Espíritos Guardiões do Sul, os abençoados espíritos do fogo, a testemunhar este ritual e proteger este círculo*". Dê mais uma volta com a vela e devolva-a ao lado sul. Coloque-a no chão.

Repita o mesmo processo com a água, oferecendo-a no lado oeste do círculo, aos Espíritos Guardiões do Oeste, abençoados espíritos da água. Em seguida, dê uma volta no sentido horário com a pedra, oferecendo-a acima do altar aos Espíritos Guardiões do Norte, do elemento terra.

Devolva a faca ao altar dizendo: "*O círculo está lançado*". Agora, você está dentro de um círculo mágico completo e pode cultuar deidades e trabalhar com magia livre de interrupções psíquicas. Se por algum motivo você precisar deixar o círculo durante um ritual, abra uma porta imaginária na esfera azul usando o atame e passe por ela, lembrando de fechar a porta atrás de si depois de sair. Quando voltar, abra e feche a porta novamente, fazendo gestos simbólicos com o atame. Visualize a porta com clareza. No mundo da magia, tudo que você imagina se torna uma realidade psíquica, vívida.

A maioria das tradições da bruxaria inclui lançar o círculo mágico assim ou de outra forma. Ele também pode ser feito de maneira mais informal, simplesmente demarcando o círculo no chão com pedras, conchas ou um barbante branco. As invocações às quatro direções podem ser feitas com um poema improvisado que se dirija aos poderes do ar, do fogo, da água e da terra nas posições correspondentes. Nesse caso, não é preciso andar pelo círculo com o incenso ou qualquer outra coisa, embora você deva trabalhar sempre no sentido horário. Os quatro pontos podem ser marcados com uma pena, uma varinha, um pratinho com água (ou uma concha) e uma pedra (ou um pratinho com sal).

A magia se tornou elaborada, preocupada com pergaminhos virgens, sinais e selos especiais, invocações memorizadas. Mas se você for uma bruxa solitária, ela pode ser direta e espontânea; pode ser uma conexão fácil entre a bruxa ou bruxo, seus guias interiores e o ambiente. Quaisquer que sejam os métodos e os símbolos usados, o princípio é o mesmo: criar espaço "entre mundos", o espaço sagrado.

A visualização, aquilo que você vê com o "olho da mente", é a essência de toda a magia. Sem isso não há vida e os feitiços fracassam, pois aquilo que não se criou no nível interior não pode se manifestar de modo algum. Sem a visualização, nenhum ato mágico pode se concretizar, por mais perfeita que seja a técnica praticada. Para lançar um círculo, você visualiza cada elemento e a energia deles, você enxerga formas vivas.

A leste, imagine ventos fortes soprando, o nascer do sol e o céu limpo de uma manhã de primavera. Sinta a essência do ar, o sopro da vida, a inspiração.

Ao sul, visualize chamas, ouro, laranja, vermelho, o sol do meio-dia no verão. Sinta o calor, a sensualidade do clima sulista, a dança vital do fogo e de toda a energia, da dispersão criativa da vida, da paixão.

A oeste, visualize as ondas, a água, a borda prateada do mar em um crepúsculo outonal. Sinta a poesia, o poder do encantamento, a imaginação.

Ao norte, visualize a terra escura, as raízes e as sementes encobertas por ela no inverno. Aquilo que abriga dentro de si toda a vida na Terra. Visualize a meia-noite sob a Estrela Polar (ou o Cruzeiro do Sul, se você não estiver no hemisfério norte). Visualize as montanhas, os minerais, a idade avançada e a solidez da vida concreta, que é mistério e abundância.

O Éter pode ser visualizado como um sonho, o céu noturno ou um crisol. Ou como a escuridão que abriga um ponto infinitesimal de luz. As imagens vão surgir. Em algumas tradições, o Éter é simbolizado por um cordão, pois ele amarra e tece trançados. Ao imaginá-lo, você pode ver a teia da vida, uma mulher costurando ou um único fio de linha. O Éter não tem época ou estação, pois está em todo lugar e em lugar nenhum. Sinta a essência do destino em todo o padrão complexo da vida, as conexões profundas.

Os instrumentos usados na magia devem ser consagrados, assim como as joias e as roupas. Já que fazemos isso durante a autoiniciação, descreverei esse processo em uma próxima carta.

Após terminar o ritual, pegue o incenso que está à leste e ofereça-o novamente, agradecendo aos Espíritos do Leste por sua proteção e bênção. Diga: *"Saudações e adeus"*. Dê uma volta no círculo com o incenso em mãos (ainda em sentido horário) e devolva-o ao altar. Faça o mesmo com as velas, a água e a pedra e agradeça a proteção e as bênçãos dos Espíritos do Fogo, da Água e da Terra, concluindo com as palavras: *"Saudações e adeus"*. Não omita essa parte. Os Espíritos Guardiões só continuarão protegendo se você os tratar com cortesia. Isso inclui dizer a eles que você agradece por suas bênçãos e que o ritual está encerrado. Diferentemente dos Espíritos Guardiões, a esfera azul foi criação sua. Ela vai desaparecer de forma natural quando parar de imaginá-la onde está.

Por fim, apague as velas do altar. A tradição tem uma orientação importante sobre isso também. Você deve apagá-las com os dedos ou abafá-las, jamais soprar. Já o incenso deve ser deixado para queimar até o fim, pois acredita-se que apagar o incenso é simbólico da extinção do sopro da vida.

Mais uma palavrinha sobre os elementos. O quinto elemento, o Éter, dá vida aos outros quatro e os mantém. Seu lugar no círculo é no ponto central *e* ele é a circunferência. Por isso, dizemos que ele está "em todo lugar e em lugar nenhum", dentro e fora, do começo ao fim e por toda a parte. Ele é imanente e transcendente ao mesmo tempo. O ar é o campo do conhecimento; o fogo, da vontade; a água é das emoções e da capacidade de sentir; a terra é o corpo da vida, o ser completo, encarnado e sensorial.

Esses quatro elementos, cada um ligado ao quinto, formam o padrão de uma cruz simétrica dentro do círculo, a mandala pagã que antecede o cristianismo.

Os cinco elementos também podem ser observados na representação da estrela de cinco pontas, o emblema da bruxaria. A quinta ponta, no topo, é o Éter, o Espírito, enquanto as demais são o ar, o fogo, a terra e a água. Esse símbolo, o pentagrama, é a maneira como representamos nossa religião, assim como a cruz representa o cristianismo. O pentagrama fechado dentro de um círculo é usado por muitas bruxas como pingente e geralmente é exibido no altar de alguma forma.

Isso é suficiente por enquanto. Muitas bênçãos para seus rituais futuros e para o aprendizado de vocês dois.

Abençoados sejam,
Rae

New Green
Avonford
16 de março de 1987

Queridos Tessa e Glyn,

Estamos quase no equinócio da primavera no hemisfério norte e já tivemos ventos equinociais, como vocês com certeza puderam perceber! Talvez vocês, assim como a natureza, tenham se sentido caóticos, selvagens. As duas semanas antes e depois dos equinócios são geralmente momentos de estresse e de muita tensão. Isso acontece porque todos os elementos da vida estão alcançando o equilíbrio físico mais uma vez, já que o dia e a noite voltam a ter a mesma duração. No equinócio de primavera, a luz prevalece, pois os dias que virão serão mais longos que as noites. E assim uma nova corrente da vida começa. Mas antes os velhos hábitos precisam ser desfeitos. Os tempos de transição são potencialmente estressantes e caóticos. É desse caos que novos hábitos surgem. Nem sempre conseguimos acreditar nisso na hora, mas a vida nova surge a partir dos rompimentos.

Por isso, o principal símbolo do equinócio de primavera ou de Ostara é o ovo, que representa a fertilidade na natureza. Ele também nos mostra que os planos que fizemos internamente no inverno agora podem ser colocados em prática. Podemos dar os primeiros passos para realizar aquilo que estávamos sonhando em fazer. Esse símbolo poderoso ainda persiste na memória folclórica, já que os ovos de Ostara são muito populares.

Seu altar deve incluir ovos cozidos e quem sabe pintados à mão. Eles representam o surgimento da vida a partir da escuridão, as ideias que vêm de dentro. Eles são a Deusa fértil, cheia de promessas e vida em potencial. Não é à toa que o festival se chama Ostara: É uma homenagem à antiga deusa germânica Eostre, cujo nome se conecta com a raiz da palavra "estrogênio", o hormônio responsável por estimular a ovulação.

Após lançar o círculo, invoque a Deusa e o Deus. Esse é o Festival da Vida Nova. Agora, o inverno finalmente ficou para trás, assim como tudo que pertence a ele. A Deusa é a Virgem da Primavera e o Deus é jovem e ardente. A união deles confere uma nova ordem a toda a vida. As coisas agora são diferentes. As flores da primavera aparecem sobre a terra por onde a Deusa pisa. Os animais dos campos e das matas, assim como os pássaros, se preparam para dar vida aos jovens exemplares de suas espécies.

As cascas dos ovos são quebradas, novas mudas abrem caminho através do solo. Eclode a riqueza dos ovos. Calor. Fertilidade. Esse é o Festival do Novo Equilíbrio, que acontece enquanto o sol ganha força.

Após invocar a Deusa e o Deus, dance no sentido horário pelo círculo. Enquanto isso, você deve cantar músicas sobre a vida nova, a mudança. Pode ser algo como:

Tempo que revigora.
Muda o sol e a terra,
Com vida dentro e fora,
O Deus Sol estende a mão,
A Mãe dança sobre o chão.
Primavera que aflora.

Visualize a energia criada pela sua dança como um clarão dourado. Use o poder de seu pensamento para direcioná-lo para dentro do caldeirão no centro do círculo. Agora, acenda uma terceira vela dentro do caldeirão. Enquanto a acende, diga: "*Acendo esta vela para o sol*".

Dentro do caldeirão também deve haver flores primaveris em volta da vela. Remova-as do caldeirão e segure-as acima do altar. Então diga: "*Que as bênçãos da Rainha da Primavera recaiam sobre estas flores, o florescer da nova vida*".

Leve algumas flores para o lado leste do círculo. Ofereça-as dizendo: "*Que haja um novo entendimento sobre a Terra, uma nova consciência e conhecimento das necessidades da Mãe Terra. Assim como as flores novas desabrocham, que esse entendimento floresça*".

Coloque as flores no chão ao lado do incenso.

Volte ao altar (em sentido horário), pegue mais flores e leve-as para o sul do círculo, oferecendo-as e dizendo algo como: "*Que possamos retomar a alegria na vida. Nas músicas, na dança, no amor e na beleza de todo o mundo natural. E que ela floresça*".

Posicione as flores no chão ao lado da vela. Em seguida, volte ao altar.

Ofereça algumas flores no lado oeste do círculo, dizendo: "*Que haja paz na Terra e que ela floresça*".

Coloque as flores no chão ao lado da água. Volte ao altar. Agora, espalhe flores por toda a borda do círculo, começando pelo norte. Ofereça-as dizendo: "*Que as matas verdes retornem, a liberdade e o equilíbrio da vida natural. Que eles floresçam*".

Deixe as flores no chão, diante do altar. Sente-se ao lado do caldeirão. Visualize o florescer de uma nova consciência, a alegria na vida, a paz e o retorno das matas verdes. As pessoas em harmonia umas com as outras e com todas as formas de vida na Terra. Veja tudo isso florir no mundo, tendo essa visão e sua fragrância estimuladas pelo retorno das flores da primavera. Se a imagem parecer muito fraca, lembre-se de que as flores conseguem romper até o concreto. Após o ritual, você pode juntá-las novamente e arranjá-las em um vaso.

Esse é o feitiço das flores primaveris.

Pegue um dos ovos que está no altar. Segure-o alto, dizendo: "*Abençoada seja a vida dentro da vida*".

Vá até o centro do círculo e sente-se novamente perto do caldeirão. Dessa vez, curve o corpo e leve o queixo em direção ao peito, como se estivesse dentro de um ovo. Você está dentro do espaço de um ovo e está prestes a rompê-lo. Pense no ovo que segurou junto ao altar. A vida está encapsulada, crescendo em meio à escuridão dentro da casca. Você estava assim no inverno. Seus planos eram incubados devagarzinho. Sinta a vida desses novos planos, frágeis mas determinados. Sinta a nova pessoa que você se tornou por causa deles, pronta para emergir diante do sol. Visualize-se quebrando a casca do ovo, saindo dele, a casca despedaçada. Você sai do ovo como uma pessoa nova, pronta para uma nova fase de sua vida. Agora, os velhos hábitos foram abandonados. Os elementos da vida devem alcançar um novo equilíbrio.

Visite todas as direções do círculo, uma de cada vez. Comece pelo leste. Sente-se calmamente de olhos fechados e pense sobre sua mente, seu estado mental e suas atitudes. Peça aos Espíritos do Ar para guiarem seus pensamentos, para que você possa atingir a harmonia mental. Ouça com atenção qualquer mensagem interior e guarde as imagens que vir com o seu "olho da mente". Elas podem ser importantes e você as entenderá mais tarde, se não agora. Não tente analisá-las.

Em seguida, vá para o lado sul. Sente-se calmamente e peça orientação aos Espíritos Guardiões do Fogo sobre vitalidade e transformação. Preste atenção mais uma vez a quaisquer mensagens que possam surgir. Lembre-se de que o sul também é o lugar da paixão.

Visite o oeste e o norte, pedindo orientação dos Espíritos da Água para a harmonia das emoções e aos Espíritos da Terra, para a harmonia física. Preste atenção às mensagens que chegarem.

E isso é tudo que fazemos durante o equinócio de primavera! A menos que vocês queiram consagrar todos os ovos do altar e oferecê-los a familiares e amigos como presentes de Ostara.

Imponha as mãos sobre a vasilha com os ovos e diga: *"Que eles sejam abençoados e consagrados, em nome da Rainha da Primavera e de seu companheiro, o Deus Jovem"*.

Carregue a vasilha pelo círculo em sentido horário, passando-a pela fumaça do incenso e pela chama da vela que está ao sul, molhando-a com algumas gotinhas de água e, ao norte, encostando a vasilha na pedra.

Diga: *"Que aqueles que receberão este presente enriqueçam com vida nova e fértil. Que seus sonhos se tornem realidade e seus planos sejam abençoados pelo sol"*.

Abençoe o pão e o vinho e termine o ritual em comunhão. Em seguida, agradeça ao Deus e à Deusa por suas bênçãos e despeça-se deles dizendo: *"Saudações e adeus"*. Abra o círculo.

Muitas bênçãos em suas comemorações de Ostara.

Abençoados sejam,
Rae

New Green
Avonford
16 de abril de 1987

Queridos Tessa e Glyn,

 É hora de escrever sobre as celebrações da lua. Afinal, a Deusa Tríplice do Círculo do Renascimento é na verdade a Deusa Tríplice da Lua. Ela também é da Terra e das estrelas, a Mãe de todas as formas de vida, mas é por meio da lua que nos conectamos mais facilmente com ela. A luz da lua representa o encantamento, a intuição, a poesia. O simples ato de olhar para a lua com os olhos de um poeta é ver a Deusa. A ligação entre as fases da lua e os ciclos menstruais são um fato óbvio e potente. Assim, na bruxaria, as comemorações da lua cheia (esbás) são tão importantes quanto os sabás.

 Nem sempre celebramos todas as fases da lua, pois podemos cultuar a Deusa em suas três faces durante a lua cheia. Esse é o momento da Mãe, mas podemos reconhecer a Virgem e a Anciã que ela foi, é e será: não existem três Deusas, mas apenas uma (três em uma).

 A lua cheia é a maré alta dos poderes psíquicos e da realização, é o tempo de cultuar e de celebrar. Quando honramos e celebramos a Deusa entre mundos, já estamos fazendo uma invocação para que o seu culto continue sobre a Terra e para que a Deusa retorne ao seu povo, assim como o seu povo a ela. Então a sabedoria antiga prevaleceria mais uma vez. O antigo amor pela poesia e pela magia reinariam, o respeito e o amor à Mãe Terra, o conhecimento sobre a sacralidade do amor sexual. Isso seria o fim dos valores competitivos, exploratórios e cruéis. Na lua cheia, portanto, invocamos a Deusa e sua beleza completa em flor pedindo a transformação.

Essa é a época da consumação e do ápice de seu poder. Na vida cotidiana, pode ser a gota d'água em uma situação instável. Os sentimentos podem entrar em erupção quando a mudança acontecer. Porém, a lua cheia também pode nos trazer realização emocional. Vocês podem notar que algumas visitas especiais ou cartas importantes geralmente chegam nessa fase. Também é uma ótima época para as peregrinações mágicas, para o amor e para qualquer celebração em geral.

Um homem não tem sinais físicos que o conectem aos ciclos da lua. Ele não tem um fluxo de sangue conectado a ela. Mas um bruxo entende a lua conhecendo os ciclos de temperamento, ritmo psicológico e harmonização psíquica de sua própria alma. Qualquer homem pode ter um aumento de energia repentino na lua cheia, a menos que esteja muito cansado: nesse caso, é mais provável que se sinta exausto de uma hora para outra. Nessa fase, é comum que um homem perceba suas necessidades. Ele pode pedir, através de poesia, dança, música ou um ritual, que elas sejam atendidas. Assim, tal qual a bruxa, é possível que ele se sinta realizado. Esse sentimento de se tornar um com as fases da lua da Deusa pode surgir nele psiquicamente ou por meio do amor, da paixão, da arte, da celebração ou da realização de um sonho.

Como sempre, após lançar o círculo e invocar a Deusa enquanto *Deusa Prateada, Senhora de todo o amor e encantamento*, você deve invocar também o Deus Cornífero. Ela é etérea e graciosa e, ainda assim, canta em nosso sangue e em todo o ritmo físico do sexo e do parto, enquanto ele é primitivo, selvagem, de pernas peludas, e canta com a sutileza do caçador e a magia do contador de histórias. A presença deles pode ser sentida e produz reverência e admiração alegre.

Seu caldeirão precisa estar cheio de água para a realização deste ritual. Posicione-o no centro do círculo.

Fique de pé diante do altar e leia ou diga estas palavras (pode ser algo semelhante também): "*É tempo de lua cheia, alta temporada de poder psíquico. As plantas crescem e as marés mudam. Homens e mulheres se unem em desejo e paixão. A mudança acontece e os sonhos são revelados. Danço em círculo para honrar a Deusa Tríplice da Lua, suas mudanças infinitas e fases cíclicas. Calma e apaixonada, serena e selvagem, a dança da vida*".

Dance em sentido horário dentro do círculo, cantando:

Dança, lua
canção fugaz
que vem dos rios,
escuridão de prata
traz magia e encanto,
cobre o mundo com teu manto,
faz crescer, revela o ser.
Danço a volta da maré,
num sopro vai, com água vem.
Direcione o poder para as águas no caldeirão. Depois,
respingue água no chão, dentro do círculo, e diga:
O orvalho prateado cai gentilmente, trazendo paz e beleza,
tanto entre mundos quanto dentro deles.
Use a taça para beber um pouco de água e diga:
As bênçãos da Deusa Tríplice da Lua
são a vida, o amor e a magia.
Eu a invoco com estas palavras:
Abençoadas sejam! Aquelas que dançam, trazem
o encantamento do prazer e do sonho
à vida, sem ninguém prejudicar
e em seu sagrado nome. Abençoadas sejam!

Faça uma pausa e diga: "Assim como nos meus lábios, em todos os lábios". Em seguida, pegue uma flauta ou um apito de passarinho. Pode ser de madeira, mas uma flauta simples de metal também serve. Esse com certeza é o instrumento do Deus no Reino Unido, apesar de ele tocar uma flauta de pã na Grécia e uma de bambu na Índia. Os apitos de osso e junco eram comuns nos tempos neolíticos e vários outros ainda existem até hoje.

Devido ao seu formato e ao fato de que seu som se parece com a vocalização dos pássaros, eles eram usados para fazer magia no passado e continuam sendo usados hoje.

Diga: "*Esta noite, o Deus Cornífero se aproxima da Deusa Lua. Que eles sejam um só em seu amor. Toco esta flauta para honrá-lo, com toda a sua música selvagem. Assim que a música reverberar na água, que o masculino e o feminino se reconciliem no amor, no mundo, para a cura da Terra e a felicidade de todas as criaturas*".

Toque a flauta e imagine as notas musicais caindo dentro do caldeirão e reverberando em luz prateada. Toda a água é energizada pela música do Deus. Enquanto toca, ouça o doce eco do Deus Cornífero tocando também, mais selvagem e muito mais puro, por trás das notas musicais que você produz. Visualize o poder do amor (que existe apesar das dificuldades), o poder que a realização no amor tem de trazer a cura e a felicidade, os efeitos do amor que se propaga em ondas.

Não se preocupe se vocês não forem exímios musicistas. É necessário apenas repetir algumas poucas notas. Brinque com a flauta, observando que tipos de sons vocês conseguem produzir com ela.

Devolva a flauta ao altar, em seguida. Agora, pegue um anel de prata. Não precisa ser um anel caro, mas ele não deve ter sido usado com outro propósito antes e deve ter sido comprado especialmente para a prática de magia. Antes do ritual, limpe-o normalmente e psiquicamente, submergindo-o em água salgada por pelo menos uma hora.

Mergulhe o anel nas águas do caldeirão. Depois, segurando-o com as duas mãos, sente-se e imagine três desejos que você gostaria que a Deusa da Lua atendesse. Imagine-os, um por um, tornando-se realidade. Não tenha pressa e leve o tempo que precisar. Pense com cuidado nas consequências de seus pedidos, lembrando sempre que "não prejudicar outro ser vivo" é a primeira e a única regra da magia e da vida.

É uma boa ideia seguir a tradição e fazer um desejo para o mundo, outro para um amigo e o terceiro para você. Seus pedidos podem ser, por exemplo:

Paz na Terra

e

Que (diga o nome de um amigo) *possa recuperar a paz de espírito*

e

Que eu resolva o meu conflito interno em relação a (por exemplo, *um dilema, um relacionamento* etc.)

Os três desejos têm um tema em comum: recuperar a paz. Isso facilita a concentração e permite que a meditação e a visualização fluam melhor. Conforme fizer cada pedido, fale-o em voz alta e gire o anel três vezes, no sentido horário. Depois, entregue a questão nas mãos da Deusa. Jamais use o anel como se fosse uma bijuteria.

Esse foi um exemplo de ritual que vocês podem fazer na lua cheia. Mas eu nunca conseguiria contar nestas cartas todas as possibilidades dessa celebração, e menos ainda tudo sobre a bruxaria. Nem *eu* sei tudo sobre o assunto e nunca saberei.

O ritual da lua cheia deve terminar com uma comunhão, uma refeição com pão e vinho (ou bolos) consagrados. Por fim, agradeça à Deusa e ao Deus e diga: "*Saudações e adeus*", abrindo o círculo em seguida. Mantenha um registro dos pedidos que fizerem, dos feitiços que lançarem ou das visões que tiverem. Esse livro de referência é conhecido entre as bruxas como o Livro das Sombras. Ele é uma fonte particular de conhecimento e experiência. Tudo o que for útil pode ser anotado lá: um remédio natural para dor de garganta, a descrição de um transe ou de um sonho, o procedimento para romper conexões mágicas, feitiços para o amor, para a cura e quaisquer outros. Escolha o caderno mais robusto que encontrar. Pode ser que ele fique muito velho até você usá-lo por inteiro, pois a ideia é que ele seja guardado como uma referência permanente.

A cor tradicional para a capa desse livro é a preta. Ela indica que algo é secreto. Você não deve mostrar o livro a ninguém, exceto a outro bruxo ou bruxa. Se não encontrar um caderno de capa preta ou escolher outra cor, use o que realmente preferir. Eu já tive vários cadernos pretos, mas o meu atual é marrom. Também já optei por cadernos com capa vermelha, e algumas vezes, azul. Como vocês podem ver, tenho muitos deles, já que também os utilizo como diários mágicos. Enfim, o que importa não é a cor ou o tamanho, mas o fato de que você deve se sentir confortável com ele.

Não sei de onde veio o nome "Livro das Sombras", mas acho que existem duas possibilidades. A primeira é que ele tem origem no trabalho feito geralmente "nas sombras", isto é, em segredo, à luz de uma vela. A outra pode vir do fato de que a descrição de um feitiço ou uma invocação nunca é mais que uma sombra da coisa em si.

Os rituais da lua podem ser feitos em outras fases. Ela não precisa estar cheia. Os rituais da lua nova são consagrados à Donzela, ou Deusa Virgem. A magia feita nessa época se destina à afirmação dos aspectos indomados do ser e à celebração da liberdade. Na lua nova ou crescente, também são feitos rituais para coisas que precisem começar, ser lançadas, construídas ou restauradas. Esse é o momento da invocação. Em termos práticos, é uma boa fase para iniciar um curso, plantar sementes, começar um negócio ou receber inspiração. Aqui vai um exemplo de invocação da lua nova:

> *A lua está nova. Honro a Deusa Virgem, aquela que retorna ao seu povo trazendo a inspiração. Aquela que é indomada, a Senhora das Coisas Selvagens. As colinas, os pântanos e as florestas profundas são seu domínio. Nela, nos libertamos, começamos uma vida nova, retornando a nós mesmas. Peço sua bênção e sua presença.*

Os rituais da lua minguante ou da lua negra são consagrados à Anciã, a velha bruxa sábia. A lua é chamada de negra três dias antes da lua nova, quando ela minguou tanto que não consegue mais ser vista no céu. O melhor é fazer os rituais da lua nova três dias depois da verdadeira noite de lua nova, quando a primeira lua crescente do novo ciclo está visível. A magia praticada na lua minguante busca orientação, compreensão e sabedoria. Também pede o rompimento de conexões psíquicas ou o fim de características indesejadas e compulsões. Essa é a época do banimento. Na vida, é a hora de uma autoavaliação sincera, de reescrever ou retrabalhar. É o momento certo para tudo que exija um olhar crítico e objetivo. Também é uma boa fase para acabar com maus hábitos ou deixar para trás algo indesejado ou desnecessário. Aqui vai uma possível invocação da lua minguante:

> *A lua está minguando. Eu chamo pela Anciã, a velha bruxa sábia, aquela que nos traz a verdadeira visão. Ela conhece todas as criaturas, as raízes, as ervas, as poções de cura e tudo que for preciso. Ela enxerga padrões e sonhos nos cepos ardentes, no vapor que sai do caldeirão e nas*

águas calmas. Ela prevê, avisa e guia. Nela, vemos e compreendemos. Encerramos devidamente a história e obtemos sabedoria. Peço sua bênção e sua presença.

Quando o Deus Cornífero é invocado na lua minguante como o companheiro da Sábia Anciã, ele é o Deus da Noite, o Sábio Ancião.

Uma palavra final sobre lançar feitiços. Quando as pessoas descobrirem que vocês são bruxos, talvez perguntem por que não podem conjurar o que quiserem, quando quiserem. Vocês mesmos devem estar se perguntando o porquê dos limites. Lançar feitiços é uma habilidade como qualquer outra. Ela não age além ou fora das leis da vida. Em vez disso, permanece dentro de seus limites. Nesse aspecto, ela é como tecer ou trabalhar com madeira. É até possível ter mais de uma peça em andamento, mais de um tapete ou móvel no qual estejamos trabalhando simultaneamente. Mas todos exigem tempo e esforço, e se tentarmos trabalhar em trezentas coisas ao mesmo tempo, não conseguiremos. Como tudo na vida, a magia requer que nos preparemos e juntemos os materiais certos, na ocasião apropriada, e — especialmente no caso da prática mágica — que alcancemos o estado psíquico adequado. Este último é vital, pois não pode ser ligado e desligado em todo e qualquer lugar. Apesar de estar sempre disponível em uma emergência, o estado psíquico ideal para fazer magia com certeza não vai ser alcançado se tentarmos lançar um feitiço para provar alguma coisa ou entreter alguém. Não podemos vivenciá-lo o tempo todo, ou estaríamos em desequilíbrio. Portanto, escolham suas prioridades mágicas. A magia é uma parte do fluxo da vida. É um tipo de dança e um tipo de oração.

Bênçãos aos seus rituais da lua,
Rae

New Green
Avonford
24 de abril de 1987

Queridos Tessa e Glyn,

Já é quase Beltane aqui no hemisfério norte. Espero que recebam esta carta a tempo. O clima gostoso que estamos tendo na primavera faz Beltane, o tempo da união e do prazer, parecer bem mais apropriado do que quando sopra um vento gelado o dia todo em 30 de abril e em todo o mês de maio. Está quente, o sol brilha e todas as árvores estão floridas. Tudo parece certo. Mesmo se chover na véspera de maio, já sentimos o verão chegando.

Para nossos ancestrais pagãos, o dia 1º de maio era o primeiro dia do verão. Eles comemoravam a véspera do primeiro dia de maio com danças, banquetes e, em alguns casos, uma invocação completa da fertilidade. Era um "casamento nas matas", entendido como a união na qual o Deus Cornífero (através de um homem) fecundava a Deusa (através de uma mulher). Era um acontecimento em comemoração à vida e ao amor, voltado a garantir a fertilidade e a abundância nos campos, entre os animais e nas comunidades humanas. Muitos jovens entravam na floresta juntos. Lá, além de fazerem amor, costumavam ficar acordados a noite toda para assistir ao nascer do sol no amanhecer do verão. É claro que a Igreja não gostou nada disso quando o cristianismo se tornou a religião oficial do Reino Unido. Mas os rituais de Beltane continuaram populares entre as pessoas comuns. Eles eram prazerosos e entendidos como vitais para o bem-estar da Terra. Conforme o cristianismo avançava ao longo dos anos, porém, a encenação sexual da união entre o sol e a Mãe Terra tornou-se simbólica em vez de literal. Os mastros, os cavalos de pau, as guirlandas e as danças... toda a pompa do 1º dia de maio continuou, mas não os casamentos nas matas (ao menos não oficialmente). Mais tarde, o surgimento do puritanismo desencorajou até as formas mais respeitosas de comemoração, exceto em lugares muito afastados. Há muito tempo, os mastros de Beltane* voltaram a ser permitidos nos vilarejos. Hoje, eles são parte das comemorações modernas de maio, apesar de poucas pessoas entenderem seu simbolismo sexual. Então, no passado, era o Deus — que deve ser entendido como o Pai da Vida, seja sob a face de Rei Sol ou de Deus Cornífero — que simbolicamente se unia à Deusa. Os dançarinos conectavam a si mesmos e seu vilarejo à rede de energia mágica criada.

Hoje, ninguém pediria o aumento populacional de sua própria cidade ou vila. No entanto, vista como uma metáfora, a união sexual harmônica e satisfatória entre o Deus e a Deusa é a afirmação mais clara que a bruxaria poderia fazer sobre o caminho para a felicidade. Ela tem a ver com a reconciliação no amor, de todos os opostos, e com a abundância que surge a partir disso. Até a fertilidade pode ser entendida como uma metáfora para várias coisas diferentes. Ela não precisa ter relação com colheitas e bebês. E, mesmo assim, há muita gente passando fome em nosso mundo moderno e muitas espécies ameaçadas de extinção.

Espero não estar confundindo vocês. A espiritualidade do prazer é um conceito estranho para nossa cultura atual, mas é o tema central do rito de Beltane: o prazer inocente que mora na sensualidade e a criatividade que surge da união dos opostos.

E o que vocês podem fazer, que não seja erguer um mastro na sala? Se estivessem em um relacionamento com um parceiro ou parceira mágica, a resposta seria óbvia. E, às vezes, uma celebração pode ser simples assim. Os rituais de Beltane que terminam em união sexual completa são geralmente mais felizes se forem informais, ou seja, se acontecerem fora do círculo. Afinal, as matas daqueles tempos não eram nada formais.

---

* Também chamado de mastro de maio ou mastro da primavera. É uma cerimônia em que as pessoas dançam em torno de um mastro com fitas coloridas presas a ele. À medida que as pessoas dançam em círculo, entrelaçam as fitas em torno do mastro. (N. T.)

Um bruxo ou bruxa solitária, depois de lançar o círculo e invocar a presença da Deusa e do Deus, poderia dançar e cantar para concentrar os poderes necessários à atividade mágica. Em seguida, poderia transferir o poder a uma vela apagada que estivesse no caldeirão, no centro do círculo. O cântico poderia ser este, que escrevi há um ou dois anos, ou algo de sua autoria:

Beltane

Eu danço mais,
Beltane traz
prazer enfim,
danço, sim.
Flor e chama que vem
do amor de quem
desabrocha, e não se detém.

Acenda uma vela para o sol. Este é seu fogo de Beltane, um substituto para a grande fogueira que você acenderia no topo de uma colina se vivêssemos em tempos mais tolerantes e acolhedores. Acender o fogo de Bel* é invocar o Deus Sol para que ele abençoe e proteja o ano que virá. Tradicionalmente, esse fogo tem propriedades curativas e purificadoras. No passado, deixavam o gado atravessar a brasa apagada para afastar as doenças. As mulheres grávidas pulavam por cima dela, se não estivessem muito perto de dar à luz, para garantir um parto seguro. Viajantes pulavam sobre o fogo para voltar sãos e salvos de sua jornada. Pessoas doentes entregavam seus males às chamas. Outros apenas faziam um pedido antes de pular. Casais pulavam sobre o fogo juntos para proteger sua união e trazer sorte ao casamento. Ao acender a vela, tenha consciência de seu poder e significado. Diga: *"Acendo esta vela para o sol"*.

---

* O nome Beltane deriva da divindade celta Belenus, também conhecida como Bel. (N. T.)

Em seguida, pegue um prato com terra. Abençoe-a em nome da Deusa. Imponha suas mãos sobre ela e diga: *"Abençoo, consagro e reservo esta terra em nome da Deusa Tríplice. Que esta seja uma terra sagrada, usada para a magia. Pois a terra é da Deusa, é seu corpo sagrado"*. Lembre-se de que a Deusa não é apenas a divindade da lua mas da terra e das estrelas mais distantes. Ela é a Deusa Tríplice do Círculo do Renascimento, a Mãe de todas as formas de vida. Decore a terra com flores.

Em seguida, pegue uma varinha de madeira; ela não deve ser cortada de uma árvore viva, pois um praticante de magia não deve fazer mal às matas. O ideal é que ela seja esculpida antes de usar, dando-lhe um formato semelhante a um falo. Porém, uma varinha simples, descascada, já serve. O falo de madeira deve ter um tamanho e um formato apropriados, é claro. Por outro lado, a varinha descascada pode ser qualquer graveto com o comprimento tradicional de uma varinha, que corresponde à distância da ponta dos dedos até o cotovelo, e cerca de dois centímetros e meio de diâmetro. Você deve retirar a parte da casca e protegê-la com óleo vegetal. Apesar de não ser exatamente como um falo, ela contém todo o simbolismo da paixão e as qualidades do sol. O carvalho é o melhor tipo de madeira para isso, mas a aveleira também é boa. Abençoe a varinha em nome do Deus do Dia, juvenil e ardente, o Senhor da Vida, o Deus das matas. Passe a varinha brevemente pela chama da vela, o fogo de Bel, para que ela se torne imbuída de magia e de poder. Segure a varinha sobre a terra e, mantendo-a nessa posição, diga:

Assim como a varinha está para a terra,
está o masculino para o feminino
e o sol para nosso mundo em flor.
Juntos, eles trazem felicidade.
Que o Deus da Vida conceda
        (diga alguma coisa que você deseje,
          como, por exemplo, "paz na Terra")
Que a Deusa assim manifeste.

Sente-se em silêncio por um tempo e imagine o que você desejou florescendo e se manifestando em vida. É claro que você não conseguirá trazer paz à Terra por conta própria, mas seu esforço tampouco será inútil. Os feitiços e as invocações de muitas bruxas, todas trabalhando com temas parecidos com esse, uma hora darão frutos, pois a vida está do lado da paz. Deixe a terra e a varinha sobre ou diante do altar.

Percorra o círculo três vezes em sentido horário e, em seguida, trace uma espiral até o centro. Caminhe a passos regulares, com graça e em meditação. Sente-se ao lado da vela acesa, permitindo-se sentir a paz. Observe a chama fixamente.

Tessa, imagine (visualize) um botão de rosa vermelho em seu útero. O útero sempre será a fonte de seu poder criativo, seja na gestação de uma criança, de uma ideia, de uma obra de arte ou de uma intenção. Feche os olhos. Imagine a luz da vela propagando-se pelo interior de seu útero e fazendo o botão de rosa desabrochar. Concentre-se nisso por um tempo. Sinta o aroma, a maciez, o frescor e o colorido de uma rosa totalmente aberta dentro de você. Sinta a força e o poder de seu potencial totalmente explorado. Diga:

Sou uma mulher,
forte para conceber e para criar,
para dar à luz e para cuidar,
pois sou filha da Deusa
e abençoada pelo Deus, que eu possa
   (aqui, diga o que você deseja produzir em vida, a maneira pela qual você quer expressar sua criatividade. Por exemplo, "trazer a cura a outras pessoas" ou "escrever um livro, como eu havia planejado" ou qualquer outra coisa importante para você).

Visualize o poder sendo canalizado, como você acabou de descrever. Abra os olhos. A rosa estará sempre dentro de você.

Glyn, você deve visualizar uma chama acesa. Ela queima em seu centro sexual, o ponto que fica na base de seu estômago, logo acima da linha dos pelos pubianos. Ela é sua força e energia masculina, que pode percorrer seu corpo e ser liberada de muitas formas, como um poder que se doa e fertiliza ou a potência que fecunda e gera uma criança. É a força que abençoa e concebe, uma energia criativa e curativa como o sol que brilha. Visualize-se sentado em um jardim e veja diante de você uma roseira cheia de botões. Se preferir, imagine uma rosa-mosqueta, a roseira selvagem, no meio da floresta. Diga:

Eu sou um homem
e existe beleza em minha paixão,
há vida em meu calor,
pois sou filho da Deusa
e abençoado pelo Deus.
Ofereço minha força e vitalidade para
      (aqui, cite uma área da vida, um lugar, uma atividade
         ou um compromisso que você queira assumir).

Imagine uma luz irradiando de você para uma flor da roseira e visualize-a desabrochando. Sua chama então diminui com esse esforço. Ela reduz de tamanho porque muita energia saiu de você. Espere e observe até que uma luz cor-de-rosa saia da flor em direção ao seu corpo. Com isso, a chama ressurge na região logo acima dos pelos pubianos. Ela agora queima mais alta e forte que antes. Abra os olhos. A chama estará sempre dentro de si, doando-se das maneiras que você escolher e então se reacendendo.

Depois disso, ambos devem se sentar em silêncio por um tempo. Seria um erro tentar se levantar rapidamente. Quando estiverem prontos, podem se levantar e pular sobre a chama da vela, fazendo um pedido.

Esse é o ritual de Beltane da bruxa solitária, ou uma das maneiras de fazê-lo. É um momento de prazer e de mistério. O espinheiro, a caçada ao veado branco, a perseguição do amor, as flores se abrindo e as matas verdes: todos eles têm um papel. Sejam felizes em seu desabrochar e que o verão lhes traga realizações!

Abençoados sejam,
Rae

New Green
Avonford
30 de maio de 1987

Queridos Tessa e Glyn,
Quero lhes contar sobre as bases religiosas e históricas da bruxaria e do paganismo. Vocês não entenderiam boa parte da bruxaria sem esse conhecimento.

As pessoas em geral escrevem e falam como se a bruxaria e o paganismo fossem a mesma coisa. Não são. É correto quando uma bruxa é chamada de pagã por suas crenças religiosas e espirituais, mas uma pessoa de religião pagã não é necessariamente uma bruxa. Existem muitos tipos de pagãos.

O paganismo é a religião mais antiga. Ela tem origem em nossos dias vivendo nas cavernas. Foram encontradas pinturas e gravuras do Deus Cornífero e da Deusa Mãe datando desse período. A referência mais antiga é uma estatueta de Deusa com cabeça de pássaro, uma mensagem de transcendência por meio da sexualidade. Um vislumbre do sagrado na sexualidade, que é o tema central do culto à Deusa. Essas evidências e os restos arqueológicos encontrados mostram a sofisticação das crenças pré-históricas. Mas não havia ainda os numerosos panteões de deuses e deusas como o dos gregos e o do paganismo romano na Era Clássica. Apenas uma Deusa nos tempos muito remotos e depois um Deus Cornífero, seu parceiro.

Os xamãs do período neolítico, fossem homens ou mulheres, foram os precursores da bruxaria moderna. Eles celebravam e ritualizavam as mudanças das fases da lua e do sol. Praticavam magia natural para obter sucesso em suas caçadas. Também curavam os doentes e obtinham a orientação psíquica de que eles (e a comunidade) precisavam por meio de transes e divinação. Eram os sábios e as sábias de seus grupos. Em tempos remotos, a sacerdotisa, a bruxa sábia, era a autoridade máxima, pois a cultura era matriarcal.

Cada vez mais, os cultos pagãos foram se tornando organizados e assumindo uma estrutura hierárquica que ia além da comunidade local para representar a crença espiritual oficial de um reino ou grupo de clãs. Mesmo antes do advento do cristianismo e de outras religiões centradas em um deus, o paganismo em geral também tinha a tendência de se tornar cada vez mais patriarcal. A bruxaria permaneceu uma religião da Deusa e, portanto, uma prática pessoal e não hierárquica, em vez de se tornar a religião oficial de um Estado. Historicamente, ela foi o culto predominante entre os povos oprimidos, pois concedeu autonomia espiritual a suas seguidoras e colocou o poder mágico nas mãos das pessoas que tiveram todas as outras formas de poder alienadas, junto com suas esperanças e sua autoestima. A Deusa e o Deus da bruxaria são acessíveis, visíveis na lua e nas árvores, na luz do sol e nos rios. Eles oferecem a habilidade mágica para curar, acalmar e resolver problemas em seu nome. Portanto, as raízes dessa religião estão nas crenças pré-históricas, que foram preservadas geralmente por grupos esparsos e isolados de camponeses.

Do ponto de vista arquetípico, a bruxa esteve e permanece à margem da margem, uma estranha até para os excluídos. Nossa afinidade maior é, por exemplo, com os habitantes pré-celtas das ilhas britânicas. Esse povo que vivia nos montes em uma sociedade matriarcal e cultuava a Deusa, para quem a magia era vida, foi há muito tempo empurrado para a periferia das civilizações, tanto geográfica quanto culturalmente. Nos dias de hoje, ele não tem qualquer domínio físico, mas seu sangue (o chamado sangue de fada) corre nas veias de alguns.

Ao longo da história, a bruxaria teve seu alcance em toda e qualquer cultura. Sempre presente, mas nem sempre pertencendo (ao menos não desde os tempos neolíticos). As bruxas assumiram um papel estranho: às vezes, servindo de bodes expiatórios, outras vezes sendo perseguidas, e com frequência procuradas como uma fonte de ajuda, cura ou conforto. Por meio de uma bruxa, podemos encontrar uma conexão com o mundo dos elfos, ou seja, com uma realidade mágica igualmente temida e desejada. Com frequência, tivemos de lidar com a projeção dos desejos violentos de outras pessoas, tanto sexuais quanto psíquicos. Algumas "bruxas" de fato são ótimas candidatas para essa função, pois a magia da natureza pode ser usada para o mal, assim como qualquer outro poder.

Eu gostaria de ver toda a humanidade voltar a adotar a lei das bruxas de "Não prejudicar outros seres vivos" e a reverência pagã pela Terra, mas não creio que poderíamos institucionalizar ou formalizar o culto das bruxas. Se o fizéssemos, não seria mais bruxaria. No entanto, acredito que é chegada a hora de retornarmos às nossas raízes pagãs (nosso destino, talvez?), um retorno em larga escala. Não vejo motivo para um grande número de pessoas não poder cultuar a Deusa e o Deus e comemorar a chegada das estações da maneira que venho descrevendo aqui. Porém, se *houvesse* muitas de nós, talvez não devêssemos mais nos chamar de bruxas (a menos que tivéssemos uma habilidade especial para lançar feitiços), pois deixaríamos de ser arquetipicamente estranhas. Quem sabe devêssemos nos chamar simplesmente de pagãs, junto com todos os outros pagãos modernos, cujo culto e cujas práticas talvez empreguem técnicas diferentes das nossas, mas que partilham a mesma base e os mesmos objetivos de longo prazo (ou ao menos similares aos nossos). Não existe motivo para muitas pessoas não poderem celebrar sozinhas ou com suas famílias onde quer que estejam e praticarem uma magia natural descomplicada. Seríamos, então, pagãs solitárias?

Sonho com isso. Mas tenho também um sonho que vai além. O de que, um dia, assim como nas primeiras comunidades humanas, não precisaremos mais de sacerdotes nem sacerdotisas de qualquer espécie, nem mesmo de bruxas, pois estaremos em harmonia com a Terra, todos em comunhão com a Deusa e o Deus, vivendo de forma mágica e intuitiva. Quando esse dia chegar, não sentiremos mais desprezo pelas características femininas nem praticaremos a dominação; não aceitaremos as hierarquias nem nos perceberemos como criaturas separadas da teia da vida. Mas *diferentemente* de nossas ancestrais em sua inocência inicial, devemos reverenciar o princípio masculino tanto quanto o feminino. Devemos valorizar e cultuar o Deus, assim como a Deusa, e não privilegiar nenhum deles em detrimento do outro. Até lá, teremos percorrido uma longa e difícil jornada e teremos (assim como agora) arriscado perder o rumo (e talvez nosso mundo); tudo devido à estupidez e à maldade humanas e ao emprego massivo dos valores patriarcais. Mas o mundo de meus sonhos é aquele para o qual espero estarmos caminhando: um mundo de reconciliação.

Enquanto isso, nós, bruxas, podemos praticar magia para ajudar esse dia a chegar. No entanto, temos um pé no mundo das fadas e o outro nos lugares onde as pessoas pobres vivem. Somos forasteiras.

Bem, este foi o começo de uma resposta para sua pergunta "O que é uma bruxa?". Essa questão é mais que bem-vinda, pois estas cartas são um processo de descoberta para mim também. Estou descobrindo em que acredito.

Para fazer justiça às outras manifestações do paganismo moderno, eu gostaria de lhes contar mais sobre elas e sobre a bruxaria. Mas não posso. Só posso contar aquilo que sei, aquilo que sou. Sei que elas são todas frutas novas da velha árvore, crescendo e se tornando novas árvores. Elas são um novo ímpeto religioso. E todas elas, se consideradas dignas de pertencer ao paganismo, buscam a cura da Terra, assim como o retorno às leis naturais e ao equilíbrio ecológico.

Abençoados sejam,
Rae

New Green
Avonford
16 de junho de 1987

Queridos Tessa e Glyn,
Para variar, outra carta atrasada.
Como devo começar a falar sobre o solstício de verão? O sol está em seu ponto máximo, isso vocês devem saber. Apesar de toda a chuva e do frio atípico, a promessa de calor trazida por Beltane não durou muito, afinal! De agora em diante, as coisas mudarão no ciclo do ano. Na bruxaria, dizemos que a mudança acontece *por causa* da culminação. Agora, o Rei Sol já conhece o amor completo da Rainha do Verão. É devido a essa realização que ele muda sua trajetória. Inspirado pelo amor, ele começa uma nova jornada, partindo da Ilha do Renascimento. Então o Deus Sol ficará mais fraco para o mundo exterior enquanto ganha força nos planos interiores como Deus da Noite.

No solstício de verão, podemos comemorar tudo isso e nos alinhar com a mudança. Já que a aventura nova do Rei Sol é uma jornada de herói, concluímos o rito evocando o herói ou a heroína que existe dentro de nós. Chamamos também o Deus Sol para abençoar a terra e expulsar as forças destrutivas.

Não preciso nem dizer que o heroísmo de uma bruxa não está em empunhar armas e conquistar territórios, mas em encontrar a coragem para curar e transformar. Frente às pressões sociais para ficarmos em silêncio e sermos cúmplices da opressão, dos danos ambientais, da poluição industrial e do estoque de armas nucleares, também é heroico protestar em nome da Mãe Terra.

A jornada do herói (ou da heroína) busca a exploração de si, o desenvolvimento interior, e pretende nos fazer enfrentar nossos próprios demônios, visando a um profundo autoconhecimento. O Deus Sol transforma as forças destrutivas sob a luz da verdade.

O solstício de verão é um momento alegre, e a celebração em si é mágica. A Deusa nos traz uma realização verdadeira se estivermos abertas a ela. Ao receber sua dádiva, somos transformados e preenchidos pelo poder de abençoar, assim como o sol. O solstício de verão é, entre todas as épocas do ano, aquela em que chegamos mais perto do Santo Graal, a taça de felicidade ofertada pela Deusa. Esse é o verdadeiro significado do Graal, que é mais antigo que a versão cristã das lendas arturianas.

Na natureza, o ano atingiu seu ápice. Todas as árvores exibem folhagem nova, os jardins estão repletos de flores e, nos campos, as plantações já estão bem desenvolvidas. É tempo de aproveitar o que se tem. O ritual da bruxa solitária leva tudo isso em consideração.

Lance o círculo e invoque a Deusa e o Deus. Um caldeirão ou tigela com vinho ou suco de frutas deve estar no centro do círculo.

Este é meu poema para o solstício deste ano. Vocês podem lê-lo em voz alta ou ler algo que vocês mesmos escreveram.

Luz do sol de solstício vai passar
sobre a água,
por sobre o mar, fogo e água em harmonia.
O sol se vai porque teve o amor,
se vai para outro mundo.
Também nós mudamos o curso,
a Rainha do Verão nos dá
a taça da felicidade,
taça de amabilidade, do desejo realizado.
Abençoa-nos, ó Rainha do Verão, e a todas as criaturas vivas.
No pico estamos, chegou a hora
da mudança.
O sol iça suas velas douradas.

Dance com leveza e alegria em sentido horário. Então repita ritmadamente: *"Ela nos dá a taça da felicidade/taça do vinho da vida"*.

Transfira o poder canalizado de sua dança e a afirmação da frase acima para o caldeirão. Faça isso direcionando o clarão dourado para o conteúdo do caldeirão, como de costume. Encha seu cálice com vinho ou suco de frutas. Diga: *"Bebo da realização"*. Beba de forma lenta e meditativa. Olhe para dentro da taça de tempos em tempos. Pode ser que você tenha uma visão. Sinta as mudanças decorrentes desse processo em sua mente, corpo, alma e espírito. Agradeça à Deusa por elas.

Pegue duas velas previamente mantidas ao lado do altar e posicione-as uma de cada lado do caldeirão, separadas por cerca de um metro em linha reta, no sentido leste-oeste. Acenda-as, dizendo: *"Deixe o fogo do verão brilhar"*. Ao acendê-las, imagine todos os outros fogos do verão, do passado e do presente.

Fogueiras gêmeas são uma tradição do festival. Talvez porque o sol tenha uma natureza dual: um lado nascente e outro poente. Essa dualidade é geralmente representada na mitologia como amigos ou irmãos rivais. O sol ganha força e vitalidade do inverno até o solstício de verão. Este seria o primeiro irmão, forte para o mundo exterior. Na segunda metade do ano, o outro irmão ascende. Conforme sua força física diminui, ele se fortalece interiormente, tornando-se o Sol na Meia-Noite ou o Senhor das Sombras, o Sábio. Reunidos, esses dois compõem o sol completo. Eles são um e o mesmo Deus.

Sente-se no ponto sul do círculo, a área da paixão e da mudança. Fique de frente para as duas velas e o caldeirão. Sente-se de maneira confortável, cruzando as pernas, se quiser. Pense no que traz realização para você hoje. Seria a música? Fazer amor? Ir para o campo e passar um tempo sozinha lá? Seriam os livros? O seu jardim? Se existirem várias coisas, pense em todas elas. Pense especialmente em alguma visão de realização que tenha tido enquanto bebia o vinho, se for o caso. Está no destino do Deus Sol — e no seu também! — sofrer mudanças quando algo se realiza. Digamos que, para um de vocês, a maior realização hoje seja aprender sobre a bruxaria e estudar para se tornar uma bruxa. Para o outro, é um novo relacionamento. Você está amando. Cada um deve pensar nisso (ou em qualquer outra coisa) sentindo a energia de sua paixão se acender e impeli-lo a fazer mudanças. Visualize o que deseja. Enxergue-as como se elas já tivessem acontecido. Veja como será a vida depois delas. Pense nas atitudes que você deve tomar para fazer essa mudança acontecer, ou melhor: veja se consegue perceber intuitivamente o que precisa ser feito. Em silêncio, comprometa-se com a Deusa a tomar essas atitudes. Agora, pegue outra vela, previamente reservada no ponto sul do círculo. Acenda-a na chama da vela do fogo do verão, a oeste do caldeirão. Antes de acendê-la, segure-a por um tempo, imbuindo-a de poder, consagrando-a. Para um efeito mágico maior, unte-a com óleo de alecrim ou friccione-a com algumas folhas frescas da planta. O alecrim é uma erva consagrada ao sol e tem conexões com o mar. Dizem que ele nos mantém em segurança nas viagens. Ao acendê-la, diga: *"Assim como esta vela queima, a mudança deve acontecer. Que eu* (liste aqui as atitudes que você pretende tomar)".

Agora, conduza a vela em sentido horário do sul (verão), passando pelo oeste (outono), até o norte (inverno). Coloque-a no altar. Deixe-a queimar até o fim. Você pode mudá-la de lugar quando o ritual terminar, mas não a apague.

Depois, descanse um pouco, aproveitando a luz de velas. Beba mais vinho, se quiser. Em seguida, consagre uma varinha de madeira. Abençoe-a em nome da Deusa Tríplice e do Deus Cornífero, oferecendo a ferramenta à magia. Passe-a brevemente pela fumaça do incenso e pela chama da vela, permita que toque a água e a pedra (ou o pentagrama) no altar.

Fique de costas para o altar, de frente para o sul, e aponte a varinha para o alto. Você está prestes a pedir proteção e bênçãos à terra, invocando a bênção do sol. As invocações simples são as mais poderosas. Você pode dizê-la espontaneamente ou planejar e memorizar o que deseja falar, para se sentir mais confiante. Pode ser algo como:

Invoco o poder do Rei Sol brilhante,
enquanto ele traça sua jornada para o Outro Mundo.
Enquanto se afasta, que ele ainda possa
brilhar em bênçãos por sobre esta terra,

trazendo paz e plenitude.
Invoco-o agora para banir... (*toda a opressão,* por exemplo)
Que (...) seja expulsa em seu nome.

Movimente a varinha. Continue dando a volta no círculo, movimentando a varinha em cada direção, dizendo: "*Paz e plenitude! Toda a (opressão) está varrida dos quatro cantos da terra*".

Sente-se em silêncio por um tempo depois disso. Em seguida, é hora da comunhão. Logo após, vocês podem encerrar o ritual.

Aproveitem e celebrem com estilo!

Abençoados sejam,
Rae

New Green
Avonford
3 de julho de 1987

Queridos Tessa e Glyn,
Quero responder à pergunta do Glyn: "Por que a bruxaria tem de acontecer sempre de maneira formal, dentro de um círculo? Podemos mesmo cultuar e fazer magia em qualquer lugar, não importa onde estivermos?".

A resposta curta é que em geral trabalhamos dentro de um espaço claramente definido, protegido e sagrado, porque assim é mais fácil. A consciência elevada necessária para a comunhão e o lançamento de feitiços é alcançada com mais facilidade "entre mundos". É verdade que a Deusa e o Deus estão em toda parte e, em tese, podemos comungar com eles em qualquer lugar. Principalmente na natureza: em uma floresta ou em um jardim, em um campo aberto ou perto de uma cerca viva. É possível vê-los em toda parte. Mas a consciência mágica que alcançamos dentro do círculo não pode ser alcançada a qualquer momento. Assim como seria difícil compor uma música ouvindo o barulho de uma britadeira, dificilmente conseguimos alcançar a clareza e o foco interno necessários à invocação na atmosfera psíquica do mundo de hoje. O círculo mágico nos permite criar uma atmosfera sagrada, diferente da comum, e canalizar nosso poder.

Eu disse que a bruxaria não pode ser praticada facilmente em todo e qualquer lugar e expliquei o porquê; mas afirmo que as pessoas o fazem mesmo assim e que vocês também podem fazê-lo. Se uma amiga acabou de ir para o hospital e você recebeu uma ligação dizendo que ela fará uma cirurgia de emergência, não é preciso esperar a fase certa da lua nem o lançamento de um círculo completo. Você lançará um feitiço de cura imediatamente, de onde estiver. E aqui está como fazê-lo:

Sente-se no local mais confortável e tranquilo que encontrar e feche os olhos. Agora, visualize-se cercada por uma esfera de luz azul. Lembre-se de que tudo que imaginar tem uma existência real e astral: no plano interior, elas realmente existem. Invoque os Espíritos Guardiões das quatro direções para auxiliá-la e protegê-la. Imagine as oferendas apropriadas ao invocar a proteção de cada um, de modo que você esteja cercada não só de uma luz azul mas de um incenso a leste, uma vela ao sul, uma tigela com água a oeste e um pentagrama ou prato com terra ao norte. Não tenha medo de que essas coisas desapareçam. Elas permanecerão enquanto você desejar, assim como os Espíritos Guardiões, da mesma forma como as partes de um cômodo às suas costas estarão lá mesmo que não olhe para trás.

Você está agora "entre mundos", em um transe suave. Leve o tempo que precisar para atingir esse ponto, pois não há como apressar essa etapa. Você se voltou para o seu interior, para o mundo astral: abaixo, dentro, através de você. Aqui existem possibilidades infinitas, distâncias sem fim, assim como no mundo exterior, no universo. Nesse domínio, você definiu uma área. Invoque a presença da Deusa e do Deus como se estivesse dentro de um círculo. Peça a ajuda deles. Converse com os dois sobre suas intenções mágicas. Bem dentro de você, diga as palavras que quiser dizer. Não é preciso usar uma linguagem específica. Apenas ofereça a eles seus pensamentos e sentimentos. Confie à Deusa e ao Deus o resultado de sua magia.

Agora, abra os olhos e lance seu feitiço. Talvez você deseje acender uma vela pela cura de sua amiga. Primeiro, consagre-a. Ao acendê-la, diga: *"Assim como queima esta chama, que a vida brilhe dentro de* (nome da amiga), *ajudando-a neste momento de risco. Conforme a vela diminui, que a vitalidade dela cresça. Quanto mais tempo a vela ficar acesa, mais curada ela estará, pelo poder dos Espíritos Guardiões e em nome da Deusa Tríplice e de seu parceiro, o Deus do Dia e da Noite"*. Esse é só um exemplo do que dizer ao lançar um feitiço de cura. Na prática, você verá que sabe o que dizer na hora e que raramente usará a mesma fórmula mais de uma vez.

Em seguida, pode consagrar um frasco pequeno de óleo essencial* de lavanda ou sândalo, ambos óleos curativos, para presentear sua amiga e ajudá-la a ter uma recuperação completa.

Os feitiços podem ser feitos de improviso e nem sempre são para curar alguém. Além disso, talvez você precise usar os materiais à sua disposição. Certa vez, eu estava em outra cidade e comprei um cartão de presente. Eu o consagrei à magia em um café, porque dispunha apenas disso para meu feitiço. Na parte da frente, o cartão tinha a foto de uma casa. O propósito do feitiço era obter uma casa nova. Eu o enviei para mim mesma e para o Cole e tivemos resultado em pouco tempo.

Antes de voltar ao mundo — digo, ao mundo exterior —, feche os olhos mais uma vez. Agradeça à Deusa, ao Deus e aos Espíritos Guardiões, como se estivesse encerrando um ritual formal dentro de um círculo. Deixe a esfera de luz azul e visualize um pentagrama de proteção bem acima de sua cabeça. Ele permanecerá lá pelo tempo que você precisar. Agora, abra os olhos e retome suas outras atividades.

Eu já vi um feitiço para a cura de uma amiga dar certo depois de ser lançado em um pub lotado. Foram utilizados usando uma folha de um caderno qualquer, caneta esferográfica vermelha, fósforos e um cinzeiro. O nome da pessoa e da doença foram escritos em vermelho no papel, que foi queimado no cinzeiro enquanto era feita a afirmação de que, conforme o papel queimasse, a doença também deveria sair dela e morrer. A amiga se recuperou, apesar de ninguém esperar que isso acontecesse. Oito anos depois, ela continua firme e forte.

A bruxaria pode ser praticada em qualquer lugar, mas o bruxo que lançou esse feitiço era experiente. Suas habilidades para se concentrar, visualizar, invocar e se manter focado em uma intenção eram apuradas e bem desenvolvidas. Elas, sem dúvida, foram cultivadas em anos de treino dentro de um círculo e na prática do transe profundo em ambientes calmos.

---

* Tenha cautela ao usar óleos essenciais, pois eles podem desencadear reações alérgicas, intoxicações e queimaduras. Recomenda-se seguir sempre as orientações de um profissional especializado para garantir uma utilização segura e eficaz dessas substâncias. (N. E.)

Eu não aconselho nenhum de vocês a lançar feitiços em lugares agitados, não no começo. A magia feita assim pode dar errado porque, se você trabalha espontaneamente em um ambiente conturbado, pode faltar a percepção adequada para compreender como (ou se) um feitiço deve ser lançado. Além disso, seu próprio equilíbrio psíquico pode ser perturbado. Usem o discernimento e sejam humildes. Paradoxalmente, até os "feitiços de pub" descomplicados são para os mais experientes. Você pode se dar mal de muitos jeitos diferentes!

É engraçado que, quanto mais inexperientes somos, de mais parafernália precisamos para que a magia seja efetiva. Até as bruxas mais habilidosas são *mais* efetivas quando usam seus aparatos mágicos: o atame, o robe, a varinha, o caldeirão e assim por diante. Essas coisas carregam uma beleza e um simbolismo ancestral. Elas também se tornam altamente imbuídas de poder e de significado devido ao uso contínuo. Por isso, o simples contato com esses objetos já é meio caminho andado para estar "entre mundos".

Às vezes, é preciso sermos humildes para admitir que precisamos dessas ferramentas, de um ritual formal e de um espaço demarcado para trabalhar: algum lugar distinto e sagrado. Mas é assim que as coisas são no mundo de hoje.

Abençoados sejam,
Rae

New Green
Avonford
22 de julho de 1987

Queridos Tessa e Glyn,

Agora, estamos nos aproximando do Festival da Primeira Colheita. O nome celta Lughnasadh significa "luto por Lugh", enquanto o nome saxão Lammas significa "massa de pão". Já que Lugh era um nome antigo para o Deus Sol, esses dois nomes resumem bem o significado do festival. Nessa época do ano, o verão está minguando: a força do sol diminui e choramos sua morte. É o momento do despertar, bem como da comemoração. Mas também do nascimento, do doce início da colheita. O poder do sol foi "parar no milho", que logo será colhido e assim renascerá, tornando-se o "Pão da Vida". Aqui podemos ver o motivo subjacente para a temática do sacrifício.

Como eu disse em outra carta, realmente havia sangue derramado no Lammas do passado, quando um homem, representando o Deus, era sacrificado em um ritual para garantir a boa colheita. Isso ocorreu em uma época em que a essência do culto pagão havia sido corrompida e a compreensão das pessoas tinha se tornado simplista. O que levou a essa corrupção? Historicamente, parece ter sido a ascensão do patriarcado. Do ponto de vista filosófico, acredito que isso está relacionado com a natureza da vida concreta. Tudo com certeza passa por um mesmo ciclo: nasce como uma semente pura, cresce, corrompe-se e inicia um declínio, então morre e por fim renasce (geralmente sob uma forma mais integrada e sábia que a anterior).

Mas voltemos ao ritual do Lammas deste ano. No Festival da Primeira Colheita, avaliamos a colheita que virá e já vemos os seus primeiros sinais, os primeiros frutos. Buscamos os atos ou os sacrifícios que podem aliviar ou prevenir quaisquer perdas na lavoura.

A Deusa está dando à luz, e nós comemoramos esse nascimento: os frutos nos campos e pomares, jardins e cercas vivas. Ao mesmo tempo, a força do Deus mingua, morre e renasce. Como qualquer homem no ato sexual, sua força é dada a ela. A semente deixa o corpo do homem e junto com ela vai a energia vital. Ele revive para fazer amor de novo, mais cedo ou mais tarde. Mas a energia que o Deus forneceu ajuda a gerar uma criança. Ela a toma e a transforma. Assim uma criança nasce. Esse é o significado do Lammas. Comemoramos a energia vital que o Deus doou, bem como toda a criação que a Deusa nos proporcionou.

Uma bruxa solitária pode começar o Lammas com uma caminhada pelo campo. Sei que vocês dois têm acesso a lugares assim. Para quem não tem, é possível visitar parques, jardins, beiras de rios e outras terras ditas "improdutivas". Procure os primeiros frutos da colheita. Os arbustos já estão dando amoras? Se você está no campo, qual a aparência do milho? Ele já está alto e dourado ou ainda é verde? E como isso se compara à sua vida? Se você se propôs a aprender algo durante o Candlemas, já fez algum progresso? Se for artesão, está satisfeito com a sua técnica? Você está progredindo em seu negócio ou profissão? O ciclo de vida deste ano e os ciclos mais longos já deram frutos?

Colha uma fruta qualquer de uma cerca viva e coloque-a sobre o altar.

Na noite do Lammas, lance o círculo e invoque a Deusa e o Deus. Por meio deles, o tempo da colheita chegou mais uma vez. Agradeça os primeiros sinais da colheita em sua vida, assim como nos campos, pois eles caminham lado a lado. Afinal, como podemos ser abundantes quando a Terra não o é?

Quando estiver pronto para canalizar seu poder, dance em sentido horário em torno de uma vela apagada posicionada dentro do caldeirão, que está no centro do círculo. Você pode recitar algo assim:

*Lamenta o sol
que vai morrer
para eu colher.*

*Do grão ao pão,
quando eu comer,
vai reviver.*

*A Mãe Terra
traz vida ao ser,
luz que encerra
calor e prazer.*

Você também pode recitar algum poema complexo e selvagem de sua própria autoria. Use sua varinha para direcionar o poder para a vela. Ao acendê-la, diga: "*Que a luz brilhe agora e a colheita amadureça, pois vivemos da terra; e somente em sua saúde e abundância seremos nós também ricos em saúde e abundância. O sol brilha em força e esplendor, derramando bênçãos pela terra. Acendo esta vela para o sol*".

Tenha consigo uma pequena tigela de óleo vegetal. Pode ser óleo de girassol, mas qualquer que seja, a qualidade do óleo deve ser a melhor que você puder adquirir. Ele representa uma oferenda. A tigela deve ser de cerâmica ou madeira. Consagre o óleo e reserve-o para praticar magia. Em seguida, passe a tigela brevemente pela chama do Lammas. Agora, sentando-se de pernas cruzadas ao lado do caldeirão, olhe de forma atenta para o óleo, que tem conexões simbólicas e práticas com o fogo, o calor, as chamas e, portanto, com o sol. E é o sol quem oferece força e brilho para a Deusa enquanto Mãe Terra. Diga em voz alta: "*Enquanto o sol derrama sua força sobre a Terra, que as plantações fiquem maduras e que a colheita seja ótima. Eu também ofereço a minha força à Deusa, à Mãe Terra. Trago (por exemplo, a minha intenção de proteger a Terra de todo mal, onde e quando eu puder)*".

Faça qualquer promessa, desde que seja sincera, e sopre-a em direção ao óleo. Visualize a energia que terá de empregar para cumprir o prometido. Veja-a como uma corrente dourada levada pelo seu sopro e que se mistura com o óleo, carregando a "carga mágica" de sua oferenda.

Depois, conduza o óleo pelo círculo em sentido horário até o altar. Faça-o tocar a pedra ou o pentagrama, "oferecendo-o à Terra". Deixe a tigela no altar e volte para se sentar em silêncio ao lado do caldeirão, até que esteja pronto para a próxima parte do ritual. Pense em sua promessa: veja-se cumprindo-a e visualize as consequências. Depois que o ritual acabar, derrame o óleo na terra de seu jardim.

Agora, pegue a fruta do jardim ou da cerca viva que está no altar. Ela representa os primeiros frutos da colheita de sua vida, um símbolo de suas esperanças. Se você fosse um pintor, por exemplo, suas esperanças seriam as de produzir boas pinturas. Se fosse produtora rural, então literalmente seriam as de ter uma colheita rica em frutas. Mas o Lammas também é um bom período para pensar nas colheitas de longo prazo que espera ter em sua vida. Você consegue vislumbrar seus primeiros frutos? Se não, será que é hora de reavaliar suas expectativas? Seriam elas pouco realistas ou muito baixas? Você subestima a si mesmo ou à vida?

Conduza o fruto em sentido horário pelo círculo e sente-se ao lado do caldeirão. Pense na colheita e visualize-a. Que qualidades e criações você deseja? Que "resultados" gostaria de ter em sua vida? Filhos? Feitiços bem-sucedidos para ajudar a Terra? Sabedoria? Amor? Composição musical? Por essa perspectiva, percebemos que muitas coisas com as quais as pessoas se preocupam são, na verdade, surpreendentemente irrelevantes. Isso porque a reflexão feita no Lammas compara as preocupações do cotidiano com um ideal de longo prazo.

Diga em voz alta o nome da colheita que você deseja e coloque a fruta no caldeirão, ao lado da vela.

Provavelmente, existe um motivo para você temer que a colheita não se materialize. A maioria de nós teme falhar, de um jeito ou de outro. Por exemplo, uma pessoa pode querer pintar, mas não ter confiança em seu talento ou se sentir culpada porque o tempo gasto com a pintura significa menos tempo cuidando de outras pessoas.

Segure o atame em uma mão e, com a outra, retire o castiçal ou o pratinho com a vela de dentro do caldeirão. Gentilmente, inscreva as palavras (ou faça um desenho simbólico) na vela para representar o obstáculo que você estiver enfrentando. Use a ponta do atame para isso. A inscrição não precisa ficar perfeita: o que importa é a intenção.

Diga: "*Conforme a vela queima e a palavra* (ou figura) *desaparece, que também desapareça* (por exemplo, *a culpa*). *Que ela se transforme, como a cera que se torna chama, e vire uma elucidação*".

Use um pano para limpar a cera da ponta do atame.

Agora, comemore a colheita que virá. Toque uma música, dance, escreva um poema, cante, confeccione algo ou faça um desenho. Qualquer que seja a sua escolha, a atividade deve ser apreciada. Saiba que aquilo que você fizer enquanto se diverte e comemora no círculo aumentará sua criatividade na vida. Os temas do Lammas são o enterro, o nascimento e o pão, mas essa não é uma época sombria. É tempo de praticar a gratidão. Os primeiros frutos servem para trazer alegria e para incentivar a esperança. Eles são um sinal do que virá na colheita principal.

A comunhão do Lammas é particularmente sagrada. Pegue uma bisnaga de pão, de preferência caseiro, mas pode ser qualquer pão integral. Este é ou se tornará o Pão da Vida que surge a partir do sacrifício do sol. Ele é, em essência, a energia vital do sol, renascido em forma de pão.

Passe o pão pela chama da vela e depois conduza-o pelo círculo em sentido horário, estendendo-o para o alto em cada uma das quatro direções (leste, sul, oeste e norte). Por fim, erga-o acima do altar. Faça uma afirmação de consagração e invocação, algo como: "*Agora que o sol se apaga e o milho é cortado, o Deus morre. Ele é a própria vida e seu espírito passa para o milho e para todas as plantações e todas as colheitas. Transformado, ele renasce, pois a vida jamais se extingue por completo*".

Use o atame para cortar uma fatia do pão. Antes de ingeri-lo, diga: "*Eu, sacerdote* (ou *sacerdotisa*) *e bruxo* (ou *bruxa*), *como o Pão da Vida em nome de todos os povos, para que todos tenham alimento. Este é o Pão da Imortalidade. Embora todas as coisas devam morrer, sei que neste alimento compartilhamos o renascimento. De momento em momento, de ano em ano, de vida em vida, morremos e renascemos, transformados. Não existimos separados e jamais estaremos completamente sós, pois este, o Pão da Vida, é o Pão da Comunhão".*

Guarde o restante do pão para compartilhar com familiares e amigos. Agora, consagre e beba o vinho.

Quando estiver pronto, agradeça à Deusa e ao Deus por suas bênçãos ao seu ritual e agradeça aos Espíritos Guardiões, despedindo-se deles dizendo: *"Saudações e adeus"*. Abra o círculo. Desejo-lhes sabedoria e bênçãos. Comam o Pão da Vida com alegria.

Bênçãos iluminadas,
Rae

New Green
Avonford
26 de agosto de 1987

Queridos Tessa e Glyn,

    Os rituais que compartilho com vocês são apenas ideias e sugestões, nada mais. Quando sentirem que já compreenderam os princípios básicos de um ritual, podem recriá-lo como preferirem. Na bruxaria não existe um dogma, uma liturgia estabelecida. Em vez disso, temos tradições. Depois de entendê-las, a bola está com vocês. A bruxaria viverá através de vocês e daquilo que acrescentarem a ela. E são essas tradições, esses temas eternos, que eu quero transmitir. Eles também são abordados por outros escritores e encontrados no folclore. Então leiam bastante e aprendam tudo que puderem sobre a bruxaria e o paganismo. Aprendam também assuntos de disciplinas relacionadas, como divinação, transe, filosofia natural, magia herbal, as propriedades das plantas e das árvores e todos os saberes do campo. Vocês formarão sua própria opinião sobre, por exemplo, o equinócio de primavera e como devem celebrá-lo. Com o tempo, desenvolverão o seu estilo próprio. Essa é a vantagem da bruxaria. Suas raízes estão fincadas na religião mais antiga, porém ela é recriada por cada bruxa toda vez que é praticada.

    As bruxas das tradições gardneriana e alexandrina (ou seja, das principais tradições modernas da bruxaria britânica) têm uma forma definida e fixa para muitos de seus rituais. Ainda assim, essa estrutura e definição não são tão rígidas a ponto de não permitirem uma improvisação criativa ou alteração. É assim que deve ser, pois uma religião que se cristaliza morre. Deve haver sempre espaço para a mudança.

Esses rituais "tradicionais" baseiam-se nos materiais expandidos e desenvolvidos por Gerald Gardner, um dos precursores da primeira onda de ressurgimento do paganismo. Após a anulação do Witchcraft Act* em 1951, foi possível a ele trazer a público certos ensinamentos antigos que se tornaram a base da bruxaria moderna. Seus seguidores são chamados de gardnerianos.

Os bruxos e bruxas alexandrinos trabalham segundo a tradição iniciada por um casal, Alex e Maxine Sanders; eles se baseiam nos rituais gardnerianos, mas com algumas modificações. As crenças e rituais alexandrinos foram extensamente descritos pelos escritores pagãos Janet e Stewart Farrar. Seus livros, além daqueles escritos por Gerald Gardner e por sua Suma Sacerdotisa original, Doreen Valiente, são uma boa introdução aos ideais e às práticas da Wicca, a bruxaria moderna. Valiente escreveu e adaptou muitas passagens do último Livro das Sombras de Gardner, produzindo um conjunto coerente e consistente. Vale a pena, para qualquer bruxo aprendiz, ler todos esses autores e autoras, embora eles ensinem, em sua maioria, a estrutura dos rituais nos *covens*.

Os rituais e ensinamentos gardnerianos são autenticamente tradicionais. Gardner aprendeu o básico no *coven* New Forest, que o iniciou. Entretanto, não existem leis ou escrituras sagradas na bruxaria. Todo o mundo pagão tem uma grande dívida para com Gardner e Doreen Valiente pela riqueza e inspiração de seu Livro das Sombras, bem como pelo legado que deixaram para todos os bruxos e bruxas — mesmo para aqueles que, como nós, sentem-se atraídos pela prática, mas preferem trabalhar de outra forma. Porém, a palavra deles não é definitiva.

---

* A autora se refere à lei promulgada pelo parlamento britânico em 1736, que estabelecia multas e prisão para pessoas que declarassem deter poderes mágicos. A lei foi anulada em 1951 e substituída por outra lei (o Fraudulent Mediums Act), que vigorou até 2008. (N. T.)

Existem muitas escolas de bruxaria e muitas maneiras organizadas de ensinar cada vez mais acessíveis. No passado, os seguidores de cada uma delas ficariam felizes em dizer que a sua era a melhor ou a "única forma" de se tornar um verdadeiro praticante de magia. Há quem diga isso até hoje, mas não deem ouvidos a essas pessoas.

Escrevi esta carta para dizer o seguinte: não tomem a palavra de ninguém como a verdade absoluta, muito menos a minha. Escutem todo mundo e depois permitam-se guiar para fazer as coisas do jeito de vocês.

Desejo muitas bênçãos em sua busca pelo conhecimento. Que ela os leve a si mesmos.

Talvez vocês estejam se perguntando sobre minha história e como eu me tornei uma bruxa. Eu fui iniciada? Se foi o caso, por quem? E se eu mesma me iniciei, isso aconteceu por sugestão e pelos ensinamentos de quem?

Bem, eu já fiz parte de um *coven* alexandrino, apesar de não ter concluído o processo de iniciação. Eu nunca passei pela iniciação completa de um *coven* e não desejo fazê-lo. Os alexandrinos que conheci eram pessoas gentis e compartilhavam boa informação, mas eu sentia que sua maneira de praticar bruxaria não combinava comigo. Não era o que eu havia planejado para mim quando soube que me tornaria uma bruxa. A partir dos conselhos e com a ajuda de um Sumo Sacerdote gardneriano amigo meu, rompi com eles e voltei a seguir o caminho solitário da autoiniciação que eu havia escolhido inicialmente. Desde então, muitas pessoas me ajudaram, seja através de seus livros ou em conversas. Fui muito influenciada pelo trabalho de Marian Green, professora de bruxaria, pelos livros de Starhawk, assim como pelas crenças e pelos livros de ficção de temática ocultista de Cole, meu parceiro de vida. E ainda pela Rowena, sacerdotisa gardneriana, cuja vida e aspirações a levaram de um *coven* ao papel de bruxa sábia solitária. Suas palavras sempre me ajudaram a ter clareza sobre meu próprio caminho. Minha intuição nunca deixou de costurar todas essas referências, ajudando-me a identificar o próximo passo.

Hoje em dia, soa piegas dizer "eu fui levada" até isso ou aquilo, até outra pessoa, a um livro ou uma ideia. Mas foi isso o que aconteceu. Sem um contato com nosso eu interior, todas as ideias tornam-se conceitos intelectuais estéreis, sem nenhuma conexão verdadeira conosco. Qualquer bruxa de verdade dirá isso a vocês: é essa experiência interior, esse acesso à realidade psíquica por trás dos conceitos e dos rituais que nos faz sermos o que somos: bruxos e bruxas.

Assim, se forem bruxos de verdade, vocês desenvolverão essa conexão. Vocês receberão ajuda. Meu objetivo é ajudá-los a contatar os reinos pagãos interiores. Para aqueles que já estiveram nesse caminho antes, não demora muito para chegar lá.

Sabedoria e bênçãos,
Rae

New Green
Avonford
15 de setembro de 1987

Queridos Tessa e Glyn,

A época da colheita, o momento de pesar os ganhos e as perdas, já está quase chegando. Ao mesmo tempo, o sol está prestes a entrar no signo da balança, Libra. Assim, o equilíbrio e a ação de graças são temas fortes nesse período. Dia e noite terão a mesma duração, tal qual no equinócio de primavera. No entanto, a escuridão crescerá depois deste festival. Os dias ficarão cada dia mais curtos até o solstício de inverno.

Este é o equinócio de outono, o Festival da Colheita. É tempo de celebrar e agradecer, de jogar fora e tirar do caminho as coisas indesejadas, os restos e o lixo. Um festival de duas faces; eu diria até de dois extremos.

O símbolo universal para a reencarnação, a espiral dupla, é dedicado a essa época do ano. Seu significado está no fato de que, quando liberamos o ar dos pulmões, essa expiração é sempre seguida (equilibrada) por uma inspiração, assim como o sono é seguido pelo despertar, e a morte, pelo renascimento. Assim, a espiral dupla nos traz uma mensagem conforme nos aproximamos do ponto de repouso ou da noite mais escura, o solstício de inverno. Vocês estão se perguntando de onde vem a espiral dupla? Bem, as espirais têm sido usadas simbolicamente em muitos lugares e em todas as épocas desde a Idade da Pedra. Elas eram esculpidas nos marcos de pedra e nos túmulos. A espiral dupla mostra um adentrar e um retornar; um renascimento, portanto. É interessante perceber que esse também é o formato do DNA. Mas não tinha como as pessoas saberem isso no passado, exceto intuitivamente. A espiral parece ser um padrão subjacente a todas as formas de vida. Pesquisadores da geodésica descobriram a associação da espiral com a energia elétrica gerada pelas nascentes e rios subterrâneos.

A Deusa é a Senhora da Abundância. Seu caldeirão, a cornucópia, oferece apenas o que é bom, uma abundância de bênçãos. O Deus é o Senhor da Colheita. A união dos dois frutificou e gerou tudo que há na Terra.

Vocês podem começar o ritual do equinócio de outono decorando o espaço e o altar com flores e frutas outonais. Lance o círculo e invoque a Senhora e o Senhor de Toda a Abundância.

Uma vela apagada deve estar dentro do caldeirão, no centro do círculo. Distribua espigas de milho em torno da base da vela. Acenda-a, dizendo:

Bem-vindos ao equinócio de outono, época da espiral dupla, de fluir em direção ao fio do destino, ao ponto de repouso na escuridão, onde há renascimento da luz e da vida. Dessa forma, todos devemos rumar para o reino do inverno. E a colheita, o grão que foi colhido, nos manterá durante o inverno, contendo sementes que serão plantadas na primavera, pois o ciclo da vida é inquebrável. Acendo esta vela para o sol minguante.

Contorne o caldeirão sete vezes em sentido anti-horário. Depois, caminhe em espiral em direção ao centro. Ajoelhe-se ou sente-se com as pernas cruzadas ao lado do caldeirão. Pegue as espigas de milho de dentro dele, dizendo:

Da colheita vem o grão.
Com perfeita gratidão
no inverno, o reino da morte,
a vida nos dá frutos,
nos dá sementes
de nova vida. Chamado
já revelado,
encerrado
no silêncio e no breu.

Olhe fixamente para o milho. Feche os olhos e visualize-o como a essência do sol e da Terra, contendo a vida nova. Aqui, na colheita, estão as sementes do novo ciclo. Como isso revela os mistérios? Peça à Deusa que os mostre a você, se ela quiser. Pode ser que você tenha visões de ciclos, círculos ou da jornada sombria de ida e volta ao Submundo, uma jornada tortuosa. Peça para entender o propósito por trás ou nisso tudo, o verdadeiro propósito da criação. Se for abençoado com a compreensão, esta é a sua colheita interior. Agradeça por tudo que vir e abra os olhos. Com o milho em mãos, afaste-se do caldeirão caminhando em espiral no sentido horário. Em seguida, dê sete voltas pelo círculo.

Coloque as espigas de milho no altar. Mais tarde, você pode amarrá-las com uma fita vermelha e pendurá-las em algum lugar da casa durante o inverno.

De pé, diante do altar, diga:

Celebro os ganhos, os frutos
e toda a abundância da Terra,
dançando a espiral que vai
e a espiral que vem.
Para cada fim segue-se um começo.
Faça uma pausa e depois continue:
A vida que há
no grão espera
até a primavera
para brotar e renovar,
assim nos mantém
até o ano que vem.
A Deusa provém
tudo que convém!

Repita os dois últimos versos como um mantra. Dance alegremente em sentido horário, aumentando seu poder criativo; essa é a dança da vida. Não use robes ou capas esvoaçantes por causa da chama da vela. Transfira a energia para três cordões ou fitas que você já deve ter colocado previamente dentro do caldeirão. Trance as cordas, deixando-as com um comprimento suficiente para servirem de colar. Amarre as pontas criando um círculo.

Conforme for trançando as cordas, visualize que você tece a riqueza da colheita deste ano, tudo aquilo que dá esperança à vida na Terra. Enquanto isso, cite as vitórias, mesmo as pequenas, obtidas no campo das questões ambientais. Cite quaisquer livros inspiradores que você tenha lido, qualquer mudança na opinião pública sobre a exploração dos recursos naturais, o fim de alguma guerra, os esforços criativos bem-sucedidos de indivíduos ou grupos, a justiça feita ou a resolução de um conflito em qualquer parte da Terra. Essas são as sementes para os novos caminhos. Elas são estrelas dentro do Círculo do Renascimento.

Quando amarrar as pontas e completar o círculo, diga: "*O círculo inquebrável. A vida jamais morrerá*".

Erga o colar acima do altar e depois coloque-o no pescoço. Mais tarde, você deve guardá-lo cm algum lugar seguro até o equinócio de primavera, quando ele será queimado e retornará à Terra, pela continuação da existência do planeta.

Sente-se em silêncio e pense no feitiço que acabou de lançar. Visualize a Terra curada. Veja a continuidade da vida.

Quando estiver pronto, volte ao altar e agradeça à Deusa e ao Deus por sua colheita pessoal, por tudo que tem colhido em sua vida. Faça uma oferenda — talvez um poema, uma imagem ou algo que você fez — ao altar. Em seguida, vá até cada uma das quatro direções, como fez no equinócio de primavera. Dessa vez, deixe uma oferenda em cada direção como forma de agradecer.

A leste, reflita a respeito de sua colheita de ideias, de suas concepções e percepções. Feche os olhos e pense em todas as ideias novas que teve no último ano. Agradeça ao Espírito Guardião do Ar e ofereça um pouco de incenso natural sobre um disco e carvão em brasa. Você também pode acender um incenso em forma de vareta.

No lado sul, feche os olhos e pense em qualquer melhora em sua condição de saúde e vitalidade. Pense nos sucessos ou aventuras, em seus "pontos altos". Agradeça por eles ou por quaisquer outras mudanças benéficas. Em seguida, unte a vela com um pouco de óleo essencial como forma de oferenda. Use alecrim ou olíbano.

A oeste, reflita sobre suas realizações emocionais e agradeça por elas, pela amizade, pelas habilidades com a magia e pelas experiências de encantamento e beleza. Como oferenda, derrame um pouco de vinho ou suco de maçã na água.

Ao norte, reconheça e agradeça pelas bênçãos que você colheu, os resultados práticos daquilo que foi feito em casa ou no jardim, os resultados artísticos, criativos ou profissionais. Ofereça pão e deixe-o no altar ao lado da pedra, sobre o prato com terra ou o pentagrama.

No centro do círculo, ao lado do caldeirão, visualize as maneiras pelas quais os elementos de sua vida se entrelaçam para criar toda a essência de seu ser. Agradeça por quaisquer formas pelas quais você perceba a integração em si mesmo e em sua vida. Há um princípio ou atividade que sustenta as demais? Reconheça-a. Depois pegue um pedaço de cordão branco que você deve ter deixado previamente no caldeirão. Como oferenda, amarre cinco nós no cordão, um para cada direção e outro para o centro, o ponto de repouso. Amarre as pontas do cordão formando um círculo e guarde-o até a primavera.

Reflita um pouco sobre as perdas e ganhos em sua vida. O que está escapando? É hora de deixar isso ir embora, com gratidão por aquilo que foi, e de deixar de lado o que você não precisa, as sobras. Porém, sua colheita (pela qual você acabou de agradecer) contém as sementes do próximo ciclo. Perceba o equilíbrio.

Após a comunhão, o círculo está "aberto, mas não quebrado". Deixe o espaço entre mundos. Você está pronto para seguir em direção ao outono.

Abençoados sejam,
Rae

New Green
Avonford
6 de outubro de 1987

Queridos Tessa e Glyn,
    Eu havia dito que o Dia de Bride é o melhor momento para iniciar novas bruxas. Mas isso não quer dizer que seja errado iniciá-las em outras épocas. Na verdade, qualquer sabá ou lua cheia serve. Dentro dessas especificações, a escolha do dia é muito pessoal. Vocês mesmos saberão quando estiverem prontos. Então falarei do ritual de autoiniciação, que farão no dia que escolherem.
    Ser um bruxo ou bruxa requer não só a autodisciplina para o desenvolvimento pessoal mas também implica um senso de realização ao praticar a bruxaria que se sobrepõe às pressões sociais. Enfrentamos os olhares enviesados e a desconfiança de quem sabe o que somos e o que fazemos; a barreira entre nós e aqueles que não sabem quem somos, pois não podemos contar; a possível discriminação e as implicações óbvias para os amigos e os entes queridos. Se vocês forem bruxos natos, com certeza vão ignorar esses avisos, e com razão.
    Um ritual de iniciação geralmente é formado por uma sequência de morte e renascimento, simbolizando que a vida antiga acabou e uma nova está começando. Ele também contém uma promessa ou oferenda, uma consagração, e o ato de assumirmos um novo nome. Depois, recebemos instruções sobre técnicas ou alguma experiência nova: somos iniciados nos mistérios.
    Ninguém pode transformar você em um bruxo. Nada que te aconteça mudará um fio do seu cabelo, a menos que haja uma mudança interior que faça a diferença. Em outras palavras, a iniciação de um bruxo

acontece entre a pessoa e a Deusa e o Deus Cornífero. É uma mudança interna e psíquica que depende de boa vontade e compatibilidade. Apesar de outras pessoas poderem te ajudar no rito de passagem, em última instância, ninguém pode mediar sua relação com os Deuses. Você está por sua conta e risco, sendo responsável por seu próprio espírito. Você consegue se colocar de corpo e alma nesse caminho? Se for esse o caso, será aceito. E essa aceitação acontecerá em um lugar reservado, sem ninguém vigiando além dos Espíritos Guardiões.

Existe mais de um ritual de autoiniciação, então vou falar sobre minha versão. Como em qualquer decisão verdadeira, você saberá se sua promessa ou pedido for aceito. Na hora em que acontecer, sentirá uma expansão de consciência profunda e *perceptível*.

Seu nome novo não deve ser dito a ninguém, com exceção de outros bruxos e bruxas. Ele é um símbolo de sua identidade na bruxaria, sua persona mágica. Por isso, deve ser potente e ter um significado sagrado para você. Pode ser o nome de uma planta, um animal ou um pássaro, ou o nome de um lugar que tenha importância pessoal ou mística (ou ambos!) para você. Muitos bruxos adotaram nomes de personagens de mitos, lendas ou das leis ocultas. Seja criativa, mas não pretensiosa. Peça orientação se não souber que nome usar.

Prepare-se para a iniciação com um banho de purificação. Adicione sal ou um punhado de ervas purificadoras à água. Quando lançar o círculo, você deve estar despida ou, como se diz na bruxaria, "vestida de céu". Este é um dos rituais que devem ser conduzidos sem roupas nem acessórios. Dessa forma, você se coloca diante da Deusa e do Deus sem quaisquer defesas ou atributos de sua vida antiga: para começar de novo, você deve se desfazer de seu velho jeito de ser e descartar os velhos pressupostos, hábitos e sua antiga autoimagem.

Invoque a Deusa e o Deus usando suas próprias palavras.

Corte uma mecha pequena de seu cabelo com o atame. Ofereça-a, erguendo a mecha acima do altar. Diga: "*Invoco os Espíritos Guardiões dos elementos para testemunhar que agora me ofereço enquanto bruxa e sacerdotisa (ou bruxo e sacerdote) à Deusa Tríplice do Círculo do Renascimento e ao Deus Cornífero*".

Dê uma volta pelo círculo em sentido horário com a mecha em mãos, e estendendo-a ao céu em cada uma das quatro direções. Coloque-a no altar, dizendo: *"Com este símbolo, a eles pertenço"*. Alguns dizem que o poder de uma bruxa está em seus cabelos soltos. Quem não tiver cabelos na cabeça pode usar os pelos corporais como substitutos.

Cubra-se com uma capa ou cobertor para se esquentar e caminhe em sentido horário até o ponto oeste do círculo. Sente-se em uma posição confortável e feche os olhos. Peça orientação para trilhar o caminho sagrado. Visualize-se andando por um caminho em meio à floresta. Ela é ampla e margeada por flores silvestres. Você vê árvores de carvalho, freixo e espinheiro. É um caminho antigo. De repente, vê uma descida. Siga por ela até a boca de uma caverna e entre. Você verá uma vela sobre uma rocha. Graças a essa luz, é possível observar que a caverna está vazia e limpa. O ar é fresco. Em um canto, há um pequeno lago com água borbulhando da nascente. A água flui desse lago para fora da caverna. O fundo está coberto de areia e pedras lisas. Dispa-se e entre no lago. As águas te libertam de toda a dúvida e hesitação, de todo o medo e todas as amarras. Elas removem todas as conexões com sua vida antiga, que poderiam impedir seu trabalho como sacerdotisa/sacerdote e bruxa/bruxo. Enquanto se banha, reflita sobre o significado da prática de bruxaria. Talvez receba alguma orientação.

Em seguida, saia do lago e deixe a caverna. Lá fora, você encontrará algumas roupas no chão. Elas são o seu "traje de bruxaria". São as vestes de sua nova função. Pode ser um robe, uma capa ou mesmo uma túnica e uma calça. Independentemente de qual seja seu traje, seque-se primeiro com um pedaço de pano e depois vista-se. Perceba o que as roupas simbolizam quanto às cores e ao corte, o que elas significam para você. Junto com elas, talvez encontre algum objeto especial, como um bastão, alguma joia ou qualquer outro item. Esse objeto é um símbolo de sua vida futura na bruxaria, ilustrando algum aspecto de seus deveres ou habilidades. Leve-o com você ao longo do caminho.

Você verá uma árvore magnífica: forte, de folhagem abundante, com raízes profundas e jubilosa. Caminhe até ela, encoste a testa no tronco e envolva-a com os braços. Sinta a seiva, a vida forte da árvore. Saiba que você e a árvore são um, expressões diferentes da mesma energia vital, ambos criados a partir do ar, do fogo, da água e da terra. Vocês são criaturas irmãs, junto com as estrelas, as rochas, os animais, os pássaros e toda a criação. Sinta o espírito da árvore. Talvez ela diga algo que você precisa saber. Agradeça à árvore e continue pela trilha. Mais uma vez, peça à Deusa e ao Deus que te orientem de agora em diante. Peça aos Espíritos Guardiões que te ajudem em seu trabalho como bruxa/bruxo e sacerdotisa/sacerdote.

Abra os olhos. Não se levante muito rápido. Lembre-se de qualquer mensagem ou impressão que tenha recebido. Em seguida, deixando sua capa ou cobertor a oeste do círculo, ande em sentido horário até o leste e depois em direção ao caldeirão. Tire de dentro dele uma pequena tigela contendo óleo vegetal puro ou óleo essencial de cipreste, olíbano ou sândalo. Coloque-a no altar. Diga:

> *Esta noite, eu me comprometo a servir e a celebrar a*
> *Deusa Tríplice e o Deus Cornífero para todo o sempre,*
> *enquanto bruxa/bruxo e sacerdotisa/sacerdote.*
> *Caminharei por este caminho sagrado de agora*
> *em diante. Tomo para mim o nome*
>   (diga seu nome mágico)
> *e invoco os Espíritos Guardiões*
> *para testemunhar minha consagração.*

Em seguida, faça uma unção em si mesma, umedecendo a ponta dos dedos no óleo e tocando a região logo acima dos pelos pubianos, entre os seios (ou o peito), a testa e o topo da cabeça, dizendo: "*Abençoados sejam meu corpo e minha alma, minha mente e meu espírito*".

Fique em silêncio diante do altar por algum tempo e depois diga: "*Peço que eu seja transformada(o) em bruxa/bruxo e sacerdotisa/sacerdote em perfeito amor e perfeita confiança, com as qualidades de* (aqui, liste as melhores qualidades que puder conceber, sejam elas virtudes abstratas como a honestidade, a benevolência, a compaixão e a coragem, ou habilidades, como 'a perspicácia de um falcão' ou 'o canto mágico do rouxinol')".

Permaneça em silêncio um pouco mais, de olhos fechados. Do ponto de vista interior, pode ser que você escute vozes, música ou apenas um chiado prolongado (como o som da luz ao viajar entre as estrelas). Pode ser que você tenha visões. Não tente ver ou ouvir nada: acredite que o que quer que aconteça virá naturalmente. Em seguida, dê uma volta no círculo visitando as quatro direções, dizendo: "*Eu, (novo nome), peço o reconhecimento dos Espíritos Guardiões do Ar (Fogo, Água ou Terra) enquanto bruxa/bruxo e sacerdotisa/sacerdote*".

Ajoelhe-se diante do altar; posicione uma mão no topo da cabeça e a outra sob a sola dos pés, dizendo: "*Tudo o que está entre as minhas mãos pertence à Deusa*".

Agora, você pode consagrar seu atame: a faca mágica é o primeiro instrumento de uma bruxa. Passe a lâmina pela fumaça do incenso e pela chama da vela.

Depois, respingue um pouco de água nela e encoste-a no prato com terra ou no pentagrama. Segure a faca com as duas mãos e diga: "*Abençoo, consagro e separo este atame, pelos poderes do ar, do fogo, da água e da terra e em nome da Deusa do Círculo do Renascimento e do Deus Cornífero, Senhor da Morte que é também Senhor da Vida. Que esta faca me sirva nas práticas mágicas, sendo um instrumento sagrado para a bruxaria*". Deposite sua própria energia psíquica no atame. Termine a consagração com a fala tradicional que encerra qualquer feitiço: "*Assim seja e assim é*".

De agora em diante, sua faca está carregada de magia e será mais efetiva ao lançar os feitiços, seja para cortar um cordão, entalhar uma mensagem ou direcionar e definir a energia, como quando lançamos o círculo. Devolva a faca ao altar. Em um próximo sabá ou lua cheia, você deverá consagrar o próprio altar e todos os instrumentos mágicos que utilizar, como o cálice, a varinha, o caldeirão, o incensário e os castiçais, a tigela para a água e o pentagrama ou pedra. Use a ponta do atame, em vez de suas mãos, para direcionar o poder e tornar cada item sagrado e único. Depois disso, você também deverá consagrar os materiais usados nos feitiços. Tome cuidado ao consagrar as ervas, pois dizem que sua energia sutil é reduzida quando em contato com o metal. Não encoste a lâmina nelas.

Termine o ritual com uma comunhão. Faça um brinde final aos "Antigos", os Deuses Antigos, como eram conhecidos tradicionalmente a Deusa e o Deus da bruxaria. A expressão tradicional é assim: "*Aos Antigos, feliz encontro, feliz partida e feliz reencontro*".

Embora o brinde seja para os Deuses Antigos, Cole e eu sempre pensamos nos outros "antigos" nessa hora. As pessoas iniciadas na bruxaria nos tempos antigos, nossos ancestrais de espírito, tanto os que trabalhavam na aurora dos tempos e eram venerados por sua sabedoria quanto os que cultuavam em segredo em tempos de perseguição. Todos os outros incontáveis bruxos e bruxas desconhecidos. É como se nos uníssemos a eles ao sentarmos e bebermos nosso vinho.

Abra o círculo. Depois de guardar todos os itens mágicos, você deve ir direto para a cama. Os seus sonhos podem ser memoráveis e trazer mais orientações.

Sabedoria e bênçãos,
Rae

New Green
Avonford
21 de outubro de 1987

Queridos Tessa e Glyn,

Eu escrevi uma nota para mim mesma sobre esta carta; ela diz "não esqueça de falar do 'doces ou travessuras'". Então falarei sobre isso agora. O famoso "doces ou travessuras", que com certeza vocês conhecem, é um "costume" novo que veio dos Estados Unidos. Ele prevê que as crianças batam de porta em porta pedindo doces em troca de não fazerem nenhuma travessura contra os ocupantes da casa. Para falar a verdade, ele até que combina com o Samhain ou Halloween, a noite designada para essas brincadeiras. O Samhain é a "noite das travessuras", na qual espera-se que os espíritos façam brincadeiras com os humanos em nome do Senhor da Desordem, a face do Deus Cornífero que não permite que nos levemos muito a sério. O Senhor da Desordem também deixa tudo mais descontraído com surpresas, piadas e acontecimentos bizarros, pois as barreiras são dissolvidas no Samhain e os mundos começam a se confundir. Talvez as crianças que brincam de doces ou travessuras sejam seus emissários. Quem sabe?

Então o que você pode fazer se não quiser que seu ritual ou o lançamento de um feitiço seja interrompido? Comece um pouco mais tarde que o normal ou adie a comemoração para a próxima noite. Pessoalmente, eu não aguento perder a atmosfera especial de 31 de outubro, então arrisco trabalhar em meio aos espíritos desordeiros batendo à minha porta e, de algum modo, isso tem funcionado.

Esse festival tem a ver com a morte do ano e, portanto, é o ano novo, já que a morte implica o renascimento. Mas, nessa época, a morte é mais evidente que o renascimento intangível. Os campos exibem tons de amarelo e marrom, a seiva desce para as raízes das espécies vegetais e toda a natureza descansa. Uma atmosfera estranha paira na neblina do outono e nas cores cinzentas da noite. Esse é, na verdade, o festival do retorno dos mortos, assim como o reconhecimento do fim de um ciclo solar. É por isso que ele carrega a reputação de favorecer aparições fantasmagóricas e é associado com a temática de morcegos e capas pretas.

Janet e Stewart Farrar, em *Oito Sabás para Bruxas*, comentam o seguinte: "Samhain é a época do espanto psíquico, pois, na virada do ano — o velho está morrendo e o novo ainda não nasceu —, o véu ainda [é] muito fino".

No Samhain, o ano velho se dissipa, desmorona. Como resultado, todas as fronteiras vêm abaixo, incluindo aquelas que separam os vivos dos mortos. Por isso, é mais comum percebermos a presença psíquica daqueles que já se foram, mas ainda estão conectados conosco e olhando por nós. Esse é um dos motivos para as aparições de espíritos no Halloween. Os vivos, os mortos e os não nascidos podem se encontrar nessa noite, unir-se em comunhão psíquica e trocar informações. Do mesmo modo, os espíritos da natureza estão entre nós, tanto os gentis quanto os travessos.

Por isso, não é surpresa que o Samhain seja a melhor noite do ano para a clarividência e a divinação. Dizem que algumas visões e mensagens psíquicas são enviadas pelos mortos que amamos, isto é, amigos e membros de nossa família que já faleceram, mas com quem permanecemos conectados por laços de afeição. Outras podem ser presentes diretos da Deusa. Ambas devem ser levadas a sério. A experiência já mostrou ao Cole e a mim que essas mensagens geralmente nos dão a chave do tema principal do ano seguinte, ainda que de maneira simbólica.

Quanto ao retorno dos mortos que amamos, não há uma tradição na bruxaria que justifique qualquer tentativa de "trazer os mortos de volta". Acreditamos que os mortos se juntem a nós por livre e espontânea vontade nessa noite, se puderem e se assim o quiserem. Chamá-los de volta pode interferir nas etapas de purificação, descanso e preparo para a nova vida pelas quais todos passam entre as encarnações. De qualquer forma, uma tentativa de forçar um retorno provavelmente falhará se não for o momento apropriado. Mas se for bem-sucedida, ela pode interferir no processo natural e até prejudicar o espírito que volta. Portanto, durante o Samhain, as bruxas fazem um ritual de boas-vindas aos mortos que amam e apenas esperam. Se um espírito amado deseja voltar, ele será reconhecido. Do contrário, podemos lembrar dele com amor e então aceitar sua ausência.

A propósito, antes que me perguntem, eu nunca ouvi falar de alguém que tenha sido perturbado pela volta de um espírito não amado no Samhain. Acho que é porque a atmosfera psíquica de um círculo mágico construído de maneira apropriada seria incômoda para eles. Se forem mal-intencionados, esses espíritos não vão querer a comunhão, a harmonia ou o respeito pela vida. De qualquer forma, eles não poderiam passar pelos Espíritos Guardiões. Enquanto tivermos essa proteção — sem falar da Deusa e do Deus —, não há como sermos atingidos por energias negativas

Nossos ancestrais podem ter sido um pouco supersticiosos sobre essas coisas, mas eles tinham outro motivo para se sentirem tensos no Samhain. Se a colheita não tivesse sido boa, a virada do ano prometia um longo período de escassez. Haveria pouca comida até o verão seguinte. Mesmo se a colheita tivesse sido boa, ainda era preciso planejar a distribuição, o armazenamento e a frequência com que certos alimentos seriam consumidos. Questões relacionadas ao comércio também deveriam ser levadas em consideração. Que alimentos poderiam ser trocados por outras coisas com segurança? Quais deveriam ser armazenados? No Samhain, às vésperas do inverno, tudo isso precisava já ter sido decidido. Haviam tomado as decisões certas? Tudo estava em ordem? Nossos ancestrais devem ter buscado na divinação as respostas e a confirmação de suas escolhas.

Hoje, ainda procuramos receber mensagens no Samhain com a mesma urgência pessoal, embora nem sempre por razões de ordem física ou econômica. Assim como no passado, a Deusa enquanto Sábia Anciã e o

Deus enquanto Senhor das Sombras são os nossos guias pelo reino da morte e pela incerteza na mais misteriosa de todas as estações. O Deus é o Senhor da Noite, o Ancião Sábio, professor e guia em ambos os lados do véu. A Deusa, a Anciã Sábia, nos traz a sabedoria como um presente de Samhain, que pode ser doce ou amargo, a depender de nossas circunstâncias e anseios. Como parte de tudo isso, devemos considerar a morte como um aspecto de nossa vida. Talvez seja a hora de algum plano ou aspiração antiga morrer.

A abundância do ano chegou a um fim.
A vida se recolheu para dentro da terra.
Não há um impulso de vida e, na natureza,
a escuridão se faz presente.
Agora, com plantas, animais e toda a vida,
os sábios se voltam para dentro, para as sementes adormecidas,
pois a morte é um começo.
Compartilho esta época com os mortos
e os não nascidos.

Comece seu ritual de Samhain com palavras como essas, depois de lançar o círculo e invocar a Deusa e o Deus.

Acenda uma vela no centro do círculo, dizendo o seguinte: "*Que esta luz brilhe nos planos interiores, assim como brilha no mundo. Este é o fogo de Samhain. Aqueles que se sentarem ao lado desta chama são bem-vindos*".

Sente-se em silêncio, lembrando de amigos ou pessoas da família que você ama e que já se foram. Veja se consegue sentir a presença deles ou de outros espíritos ligados a você. Lembre-se: pode ser que você não conheça todas as pessoas que já foram próximas. Algumas talvez nem sequer tenham estado encarnadas durante sua vida atual. Não tente forçar nada. Simplesmente espere em silêncio e lembre-se das pessoas. Caso sinta alguma presença ou ouça uma voz, fale internamente com ela, como se a pessoa estivesse presente em forma física. Expresse seu amor, pois eles te ouvirão. Em seguida, agradeça em silêncio por quaisquer mensagens ou conselhos recebidos.

Diga em voz alta:

*A Roda da Vida deve sempre girar
e a morte é o preparo para o renascimento,
assim como a escuridão detém as sementes da luz.
Havemos de nos encontrar, conhecer, lembrar e amar de novo.*

Esta última linha é a paráfrase das palavras ditas em uma lenda tradicional da bruxaria chamada "A Descida da Deusa".

Em seguida, levante-se (não muito rápido) e, quando estiver pronto, dance em torno da vela em sentido horário entoando estes versos ou algo semelhante, repetindo-os em seguida:

*Da profunda noite escura vem
A semente da luz que nos mantém.*

Por questão de segurança, não use robes ou capas esvoaçantes: Você vai dançar em torno de uma chama descoberta.

Transfira o poder de sua dança e canto para as avelãs que você já deve ter deixado antecipadamente na base da vela. Como em sabás anteriores, visualize um clarão dourado de energia, direcionado para o caldeirão, sendo absorvido pelas avelãs em forma de luz. Você pode usar a varinha para direcionar a fonte de energia, apontando-a para baixo e passando-a algumas vezes sobre as avelãs. Antes de abrir a primeira avelã, diga: "*Dentro do silêncio e da escuridão, que os frutos da sabedoria tragam o saber interior. Que ele me fortaleça ao longo da escuridão do inverno. Aceito a mudança que a sabedoria traz, pois este fruto não pode ser comido levianamente. Ele é o presente da Deusa*". Coma as avelãs.

Se tiver, queime um pouco de incenso de ervas que ajudem a entrar em um estado leve de transe. Do contrário, mantenha queimando o incenso natural que tiver escolhido, ou acenda mais varetas. Percorra o círculo em sentido horário até o oeste, onde você terá colocado o caldeirão cheio de água. Sente-se em uma posição confortável ao lado dele e olhe fixamente para a água até que tenha alguma visão ou, de olhos fechados, você entre em um estado de transe leve.

Se nada acontecer, lembre-se de que comer o "fruto da sabedoria" e olhar para dentro do caldeirão é um ato de invocação para que você receba algum tipo de orientação durante o inverno. Se ela não vier agora, talvez a receba mais tarde, em forma de sonho ou de percepção. No entanto, se estiver relaxada, é quase certo que algumas imagens comecem a aparecer.

Quando o transe terminar e você estiver pronta, levante-se e vá até o altar, sobre o qual deve ter deixado uma maçã. Segure-a com as duas mãos, dizendo: "*Seguro o fruto do Submundo, dado a todos que conhecem alguma forma de morte, para que possam encontrar as sementes da vida nova. Todo fim é um começo*".

Corte a maçã ao meio com o atame, expondo todas as sementes. Conte-as. Dizem que, tradicionalmente, quanto mais sementes a maçã tiver, melhor, já que cada semente simboliza um progresso e, portanto, um passo adiante em sua vida. Coma a maçã devagar, com sementes e tudo. Ao comê-la, lembre-se de que esse é "o fruto da morte que traz vida". Reflita sobre algum aspecto de sua vida que precise morrer, ou algum hábito do qual deva se livrar. Pense que as sementes do novo ciclo já estão presentes. A ingestão acontece para que elas cresçam — as sementes de seus planos e da criatividade, que você dará à luz com o tempo. Assim, você mesma renascerá.

Erga seu cálice. Percorra o círculo em sentido horário até o leste, que é a direção do renascimento, pois é onde o sol nasce. Sirva-se de um pouco de vinho e beba "da taça da vida", por você mesmo e por todas as criaturas.

Quanto ao mundo, pense no que precisa se perder ou morrer para o benefício geral. Use uma caneta vermelha para escrever em um papel branco uma palavra que represente aquilo que precisa ser eliminado. Pode ser "ganância", "poluição", "militarismo", "fome" ou qualquer outra coisa que você identifique como causa de um problema, seja ele grande ou pequeno. Queime o papel no fogo de Samhain (a vela no centro do círculo), dizendo as palavras: "*Que isso morra e deixe o mundo*".

Sente-se ao lado do caldeirão e visualize o nascimento de hábitos novos, um mundo justo em que todas as pessoas tenham alimento, talvez. Um mundo em harmonia com o meio ambiente ou que tenha paz genuína. O que quer que você tenha banido, veja-o substituído por uma vida nova, um novo sistema em que "não prejudicar outros seres vivos" seja a lei dominante.

E isso, além da comunhão, conclui o ritual do Samhain.

Bênçãos iluminadas na escuridão,
Rae

New Green
Avonford
27 de novembro de 1987

Queridos Tessa e Glyn,
    Em momentos diferentes, vocês dois me perguntaram sobre "ritos de passagem". Como a bruxaria celebra o nascimento de uma criança, por exemplo? Existe um "batismo bruxo", tal qual o cristão, para os filhos e filhas de bruxas? Há casamentos na bruxaria? E a morte? Quando morremos como pagãos, o que acontece? Existe um equivalente para o funeral cristão? E quais são as crenças com relação ao céu, ao inferno e à reencarnação?
    Essas perguntas parecem apropriadas para a época do ano em que estamos, entre o Samhain e o renascimento do sol em Yule, porque elas dizem respeito ao nascimento, ao sexo e à morte. E depois ao renascimento, à regeneração. Para respondê-las, começarei citando um trecho da lenda "A Descida da Deusa", pois ele mostra a interconexão entre essas três coisas, que são, na verdade, uma tríade, com cada uma dando início às outras duas.

> Existem três grandes mistérios na existência da humanidade, e a magia controla todos eles. Para vivenciar o amor, você deve retornar ao mesmo tempo e ao mesmo lugar que as pessoas amadas. Você deve encontrá-las, conhecê-las, lembrar-se delas e amá-las de novo.
>   Mas para renascer, deve morrer e estar pronto para um corpo novo. E para morrer, você deve nascer, e sem amor ninguém nasce. Nossa Deusa está sempre inclinada ao amor, ao riso e à felicidade. Ela protege e cuida de sua criança interior em vida, e na morte ela

nos ensina o caminho para sua comunhão. Mesmo neste mundo, a Deusa ensina o mistério do círculo mágico, que se coloca entre o mundo dos homens e o dos Deuses. (Livro das Sombras de Gardner)

A essa altura, deve parecer óbvio que o nascimento, o sexo e a morte são temas centrais na bruxaria.

Para uma bruxa, dar à luz é compartilhar conscientemente o trabalho da Deusa Mãe. Para um bruxo ou uma bruxa, testemunhar e ter empatia com a gravidez e o nascimento é perceber e comungar com a face da Deusa que deu à luz todos os mundos. Durante o nascimento, o véu entre mundos é muito fino. É um evento mágico. Os pais bruxos e bruxas receberão seu filho ou filha (ou qualquer criança) como um espírito encarnado, reconhecendo que aquela alma pode ser mais velha e mais sábia do que eles mesmos. Em se tratando de seu próprio filho ou filha, pode ser que o bebê não tenha o espírito de uma bruxa presente ou futura, pois o caminho religioso de uma criança pode não ser o mesmo dos pais.

As razões espirituais para encarnar em uma família específica são muitas, sendo elas muito sutis e geralmente desconhecidas para nós. Pode ser que haja uma conexão de vidas passadas, de modo que as pessoas possam "encontrar, conhecer, lembrar e amar de novo" umas às outras. Quando isso acontece, é uma experiência profundamente gratificante, mas isso não quer dizer que todas as pessoas envolvidas precisem ser bruxas ou bruxos. Temos laços fortes com nossos semelhantes, é claro, mas seríamos um grupo tristemente isolado se só pudéssemos amar outros bruxos.

Tudo isso precisa ser levado em consideração antes de realizar o ritual de bênção a uma criança bruxa, pois ela não é "wiccanizada" da mesma forma que os cristãos batizam seus filhos. Seria contra as leis e as tradições da bruxaria tentar comprometer uma alma a um caminho que não foi escolhido livremente em estado de completa consciência adulta. Por isso, a criança pode ser abençoada e incluída no caminho dos pais, mas só até ela ter idade suficiente para fazer uma escolha consciente. No passado, pessoas muito mais jovens eram consideradas adultas. Na Idade Média, por volta dos doze ou treze anos, um menino era considerado homem, e uma menina já podia se casar. A bênção moderna para uma criança bruxa, ou *Wiccaning*, deve durar até que ela deseje tomar outro caminho ou se aprofundar na bruxaria, independentemente de quando isso aconteça.

Quando chegar a hora de planejar a cerimônia, escolha o lugar primeiro. O bebê pode ser abençoado dentro de um círculo mágico. Isso nunca funciona com crianças pequenas, porque é sempre um problema manter os dedinhos longe dos atames e das velas acesas, ou convencer os pequenos a ficar quietinhos dentro de um círculo de cerca de três metros de diâmetro. Até para as crianças maiores, o melhor é fazer a cerimônia ao ar livre. E se não pudermos apresentar-lhes as divindades da natureza ao ar livre, fora de casa, então tem alguma coisa errada!

Escolha um dia ensolarado em que haverá lua cheia ou que seja um sabá; vá até um parque, jardim, campo aberto, ou algum lugar onde acredite que não será interrompido. Então marque o círculo mágico com um cordão ou com pedras. Peça as bênçãos e a proteção dos Espíritos Guardiões de todos os elementos, oferecendo uma pena a leste, derramando um pouco de óleo no chão ao sul, colocando uma concha a oeste e uma pedra ou um pouco de sal ao norte do círculo. Explique à criança que compartilhamos a vida com cada criatura no mundo, incluindo aquelas do reino das plantas. A vida finca suas raízes na terra como uma árvore, sustentada pelo ar (vento), pela água (chuva) e pelo fogo (o sol); e é mantida pelo Espírito, a forma astral ou a ideia de uma árvore, que pode ser chamada de "árvore dos sonhos". Faça isso só com as crianças maiores, é claro.

Em seguida, uma criança mais contemplativa ficará feliz em se sentar com os olhos fechados enquanto você a guia por um transe leve. Você deve encorajá-la a visualizar a Deusa Mãe e o Deus Pai, sentindo-se um com eles, protegida e abençoada.

Outras crianças vão preferir que você descreva para elas aqueles que criaram o mundo, a Mãe e o Pai de todas as coisas, e ouvirão você invocar a presença deles no círculo.

A bênção pode ser dita enquanto você impõe levemente as mãos no topo da cabeça da criança. Diga:

Em nome da Deusa Tríplice do Círculo do Renascimento e do Deus Cornífero, abençoo e consagro você, criança pagã do sol e da lua. Coloco-te sob a proteção dos Espíritos Guardiões da sabedoria das bruxas. A eles eu peço que te protejam até que chegue a hora em que você tenha idade suficiente para escolher o próprio caminho. Abençoada(o) seja!

Depois, faça a unção da testa da criança com um pouco de óleo.

Continue: *Eu te nomeio* (diga um nome mágico, que a criança pode ajudar a escolher se tiver idade suficiente). Cumprimente a criança com um beijo e acrescente a oração que for mais apropriada. Por exemplo:

Que a luz do sol, da lua e das estrelas brilhem em seu caminho, para que você enxergue beleza tanto no dia quanto na noite. Além de ter pais humanos, você é filha (ou filho) da Mãe e do Pai de todas as coisas. Saiba que todo fim é um começo e que o círculo da criação se completou em você. Saiba também que você está agora no espaço sagrado entre mundos. No entanto, esse mesmo espaço está sempre dentro de você. Aonde quer que vá, você o encontrará, pois trilha seu caminho no amor e na sabedoria. Hoje, você é uma criança pagã, mas isso não é definitivo. Seja o que o seu próprio ser determinar nos anos futuros, com alegria e liberdade.

Em seguida, vocês podem compartilhar pão e vinho ou suco de frutas em comunhão.

Em alguma etapa da vida, pode ser que a criança se comprometa com a magia natural, seja na bruxaria ou outra forma de paganismo. Ela pode se converter a uma religião diferente ou a nenhuma. Está nas mãos da Deusa, pois todos nós temos lições a aprender de um jeito ou de outro, e o caminho da bruxaria é apenas uma possibilidade.

Com relação ao sexo ou ao casamento, nossas práticas dizem o seguinte: em toda união afortunada, o homem ou a mulher encontram em seu parceiro ou parceira a representação do Deus Cornífero ou da Deusa. Ambos representam essa união amorosa em seu desejo e na satisfação que ele provoca. O sexo é sagrado. Nós nos casamos por amor, quando há uma realização profunda no âmbito mental, espiritual e emocional, assim como no físico. No entanto, o aspecto físico é celebrado como um símbolo da reconciliação completa e devido ao estado de consciência elevado que alcançamos no êxtase.

Naturalmente, em um casamento entre bruxos, não deve haver dominação da mulher pelo homem (nem do homem pela mulher, na verdade). Casais de bruxos têm por padrão uma parceria amorosa igualitária. Chamamos o casamento de *handfasting*, a cerimônia de atar as mãos.

As bruxas e bruxos que fazem parte de um *coven* têm suas mãos atadas pela Suma Sacerdotisa; mas, no caso das bruxas solitárias, um casal não precisa de mais ninguém para testemunhar seus votos e promessas além dos Espíritos Guardiões, e ninguém além da Deusa para atar as suas mãos.

Se um de vocês decidir se "casar" dessa forma no futuro, é possível se comprometer apenas por esta vida ou por todas as suas vidas. Isso dependerá de você se sentir como o verdadeiro amigo e amante do parceiro nesta vida, ou o parceiro eterno, a "alma gêmea".

Após lançar o círculo e invocar a Deusa e o Deus, você pode fazer os votos que escolher, dizendo em seguida: "*pelo ar, fogo, água e terra, e em nome da Deusa Tríplice do Círculo do Renascimento e do Deus Cornífero, Senhor do Dia e da Noite*". Invoque os Espíritos Guardiões para testemunhar os votos. Em seguida, passem as suas mãos atadas pela fumaça do incenso, pela chama da vela (de leve, para ninguém se queimar), pela água e depois toquem o pentagrama ou a pedra.

A tradição tem uma orientação importante sobre o *handfasting*. O casal deve segurar as mãos e pular, ao mesmo tempo, sobre uma vassoura colocada no chão, dentro do círculo. Se desejarem terminar o ritual fazendo amor dentro do círculo, melhor ainda. Comunguem em seguida.

Vocês também podem decidir realizar a cerimônia ao ar livre. Nesse caso, pode ser que não consigam lançar um círculo mágico completo nem fazer amor durante o ritual — a menos que consigam encontrar um lugar muito, muito remoto! Mas se realizarem os votos em um lugar especial, os Antigos Deuses com certeza abençoarão a união. Vocês podem incluir outros costumes mágicos, como beber o vinho consagrado do mesmo cálice. O que importa é que os votos devem vir do coração, e as mãos devem ficar atadas para representar uma união real e definitiva, ao menos nesta vida, testemunhada pelos espíritos elementais. Vocês devem requisitar a presença deles também quando fizerem a invocação da Deusa e do Deus.

A morte é o terceiro aspecto dessa tríade, pois leva ao renascimento. Quando nossos corpos estão velhos ou doentes demais para nos trazer felicidade, a morte proporciona descanso e renovação ao espírito. Ela é parte da vida, assim como o nascimento e o amor.

Os funerais quase sempre pertencem à Igreja, ao menos no sentido de que o corpo é depositado em solo consagrado pelos sacerdotes cristãos. Aqui no Reino Unido, a maioria das pessoas que comparecem a um funeral tende a ser cristã e, dessa forma, é confortada pelos rituais cristãos. Mas podemos fazer nossos próprios rituais de despedida em alguma data antes ou depois do enterro. Pode ser algo simples como arremessar uma flor nas águas de um córrego ou rio, pedindo que, conforme a correnteza leva a florem direção ao mar, a pessoa falecida possa encontrar a paz.

Acreditamos que as bruxas e bruxos vão para a Terra do Verão após a morte. Trata-se de um lugar de imensa felicidade e beleza, como o paraíso celta de Tír na nÓg. A chegada na Terra do Verão pode ser precedida por estágios de purificação e aprendizado. Ao sair de lá, também é possível vivenciar algum tipo de preparação antes de renascermos.

Com frequência, passamos por momentos de grande sofrimento nesta Terra, quando sentimos que estamos vivendo um inferno e nunca sairemos dele. Isso é o suficiente. Nem eu nem qualquer outro praticante de bruxaria que conheço poderia acreditar no conceito de danação eterna. Não existe tormento permanente esperando aqueles que são maus ou cruéis, aqueles que não se lembraram da regra de não prejudicar outros seres vivos. Em vez disso, existe um retorno triplo do sofrimento infligido, seja nesta vida ou em outra. O objetivo não é punir, mas levar à iluminação, se é que se pode chamar de objetivo. Trata-se mais de uma consequência, na verdade. Como dizem os cristãos: "Você colhe o que plantou". É a lei inevitável da vida.

Mas voltemos aos possíveis rituais para os mortos. Você poderá pedir orientação quanto à natureza desses rituais, pois cada caso é um caso. Mas talvez seja preciso cortar um cordão consagrado, que simboliza a ligação astral da alma ao corpo, quando os espíritos não conseguem deixar este reino e seguir adiante para o que vem depois — os que estão entre os limites da vida e da morte.

Quando não há esse problema, já é suficiente acender uma vela pela iluminação do espírito nas vidas futuras e fazer uma prece, pedindo que ele seja guiado, protegido e abençoado. Para mim, seria um atrevimento fazer mais que isso por um amigo não bruxo. Mas se a pessoa falecida for uma bruxa ou bruxo, é sugerido registrar sua ida para a Terra do Verão com um ritual formal completo. A intenção do ritual é entregar o espírito aos cuidados do Deus Cornífero, nosso guia no reino da morte, e aos cuidados do amor da Deusa gentil, que nos faz renascer quando chega a hora.

Lembre-se: "Você deve encontrar, conhecer, lembrar e amar de novo" as pessoas. Ainda assim, o luto é natural e o pesar, necessário. Pois jamais essa pessoa será vista novamente neste mundo com aquele rosto, aqueles cabelos, aquele jeito de andar, os mesmos gestos e a mesma voz.

Um dia, quem sabe, comungaremos com os mortos mais facilmente. Nosso plano estará mais próximo do deles e mais esclarecido com relação à Terra do Verão. Enquanto isso, eu imagino que eles partiram para uma longa jornada. Estarão diferentes quando eu os vir em outra vida, assim como eu também estarei. Nesse meio tempo, eles são como viajantes para quem não podemos escrever cartas ou telefonar. Mas geralmente consigo enviar meu amor, com uma confirmação psíquica de que eles ainda o recebem.

A natureza morre no outono, mas renasce na primavera. O sol morre a cada inverno, conforme os dias ficam mais curtos e a luz se esvai. Em Yule, ele renasce. Na vida, os projetos acabam e as ideias entram em colapso para algo renascer das ruínas. Esse é o padrão universal.

Nascimento, amor e morte. Como diz a lenda, esses são os três grandes mistérios, e a magia controla todos eles.

Tessa, agora que você já fez o ritual de autoiniciação, eu te saúdo como minha irmã bruxa. Que você seja sábia e abençoada. Glyn, acredito que sua decisão de esperar foi acertada, tendo em vista seus planos de se casar com a Laurel. Você diz que, no momento, os interesses dela pela bruxaria são acadêmicos em vez de afetivos. No futuro, pode ser que ela apoie sua prática, ou talvez ela mesma venha a se interessar. Se nenhuma dessas coisas acontecer, é possível que você tenha de escolher entre se tornar um bruxo e ser o marido da Laurel. Pode surgir muito ressentimento quando um parceiro é hostil às práticas religiosas do outro.

Eu arrisco um palpite. Não acredito que a Laurel se tornará indiferente ou hostil. Em vez disso, acho que ela se tornará uma bruxa também. No momento, devo dizer que a atitude dela não é a de alguém racional ao extremo, mas a de quem se mantém cética de um modo saudável. Eu a conheci e acredito que seja uma pessoa muito honesta.

Continuarei enviando as cartas a vocês, conforme combinado.

Abençoados sejam,
Rae

New Green
Avonford
16 de dezembro de 1987

Queridos Tessa e Glyn,

Já está quase na hora do Festival de Yule, o solstício de inverno — época de renovação mágica, de recriação, de nascimento da vida e da luz. Entre Samhain e Yule, o Deus da Noite governou e foi nosso guia pelo reino das sombras. A Deusa, enquanto Anciã, a velha bruxa sábia, ofereceu-nos sabedoria e sonhos. Nas paisagens etéreas onde nada desabrocha, ela nos mostrou o encanto dessa estação. O ano morreu em Samhain, e desde então o tempo passou em recolhimento em meio à névoa e às sombras do inverno. Agora, estamos nos preparando e organizando nossos lares para o Festival de Yule, para o renascimento.

A metáfora é clara. Enquanto estamos recolhidos, seja na morte ou nos abrigos do inverno, os planos interiores se expandem. A riqueza da imaginação, os mundos astrais e os estados de sonho, onde se encontram as sementes para a próxima fase, iluminam-se para nós. Eles trazem iluminação e restauração. Tudo isso é simbolizado pelo glamour das tradições e decorações de Yule, mais antigas que as do Natal, porém preservadas naquilo que hoje consideramos costumes natalinos. As velas, o azevinho, o visco, o tronco de Yule e a ceia vêm todos de uma tradição muito mais antiga do que aquela que comemora o nascimento de Jesus. Essa tradição nos mostra a riqueza dos mundos interiores e a viagem de volta à vida ativa e concreta.

Esse é o dia do "nascimento" do sol. A noite mais longa do ano terminará e, ao amanhecer, quando o sol nascer novamente, o ano rumará novamente em direção aos dias mais longos. É isso que comemoramos: o regresso da luz a partir do ponto mais escuro, pois isso representa a continuidade da vida, o início de um novo ciclo.

Yule tem a ver com o renascimento do sol, de toda a natureza e, por extensão, do ano novo. Há muita simbologia nas plantas usadas na decoração. O azevinho representa o velho Deus do ano minguante, o Rei da Escuridão, que, no festival, se transforma na Luz Recém-Nascida. O tronco de Yule, extraído do carvalho, é sagrado para o recém-nascido Deus do ano crescente, assim como o pisco-de-peito-ruivo. O visco, planta sagrada para o sol, é usado por pagãos e cristãos nas decorações do festival. Ele atrai a fertilidade e os poderes curativos dos raios de sol do verão.

Portanto, uma bruxa decoraria a casa com azevinho e visco e teria uma "árvore de Natal" como todo mundo, mas com um entendimento diferente das razões para adotar essas decorações. Como sabemos, a árvore de Natal é uma tradição relativamente moderna no Reino Unido, datando do último século, mas as árvores sagradas onde se penduram oferendas são tão antigas quanto a mitologia.

Depois, temos a tradição de presentear. Ela é representada na narrativa cristã pelos três reis magos que trazem presentes. No folclore nórdico, temos a figura do Pai Natal,* o São Nicolau, com suas renas, sagradas para o Deus Cornífero. Toda criança começa a vida com uma certa herança, uma seleção de dons. Agora, somos todos recém-nascidos ao começar um ano novo. E esta é a verdadeira razão para darmos e recebermos presentes em Yule. Pelo mesmo motivo, cobrimos a árvore com luzes e enfeites, empilhando presentes em volta dela e

---

* Os primeiros registros da figura do Pai Natal datam da Inglaterra do século xv. Tratava-se da figura símbolo do Natal, um homem idoso, representado com uma guirlanda de azevinho na cabeça. Diferentemente do Papai Noel que conhecemos hoje, o Pai Natal estava geralmente relacionado às diversões dos adultos, como os banquetes e os jogos. Por outro lado, as histórias dos milagres de São Nicolau (entre eles, a de jogar sacos cheios de ouro pela chaminé de um pai prestes a vender a filha) se espalharam pela Europa e inspiraram a prática de dar presentes às crianças na noite de 6 de dezembro (o dia de São Nicolau). (N. T.)

reconhecendo as dádivas que a Mãe e o Pai de todas as formas de vida nos dão. Honramos a Deusa ao colocar no topo da árvore a tradicional fada, que representa a própria Deusa, ou uma estrela de cinco pontas simbolizando a magia da natureza.

Mas e a comemoração do nascimento das meninas? Por que a Deusa só dá à luz um menino? É claro que ela não dá. Mas no renascimento de nossa prática, o verdadeiro entendimento do ano que se desenrola ainda está em andamento, ainda está sendo descoberto. Uma coisa que ainda não recuperamos é a comemoração anual do nascimento de uma filha, a Deusa dando à luz ela mesma. Na origem de cada ano, não é só o Deus Sol que renasce, mas a Mãe Natureza também. Ela vem a nós mais tarde, no Candlemas (Imbolc), como uma jovem. Ela representa não só as flores da primavera na Terra mas o aspecto feminino do sol e o aspecto Donzela da Deusa Tríplice da Lua: a Deusa Bride solar e lunar da primavera. As meninas também têm mães.

A comemoração de seu nascimento foi varrida por anos de patriarcado. Com certeza existem tradições pagãs envolvendo o nascimento de meninas, sem mencionar a lenda da bruxaria italiana sobre a concepção e nascimento de Arádia. Também existem precedentes para a comemoração do nascimento de uma menina em Imbolc, a pequena Bride. Mas, para mim, isso se confunde com o assunto da presença da Deusa Virgem. No entanto, em Yule, às vezes comemoramos seu nascimento enquanto gêmea de seu irmão solar. E eu já ouvi falar de uma lenda cristã herética em que Bride nasceu como irmã gêmea de Jesus, no solstício de inverno. É claro que Bride é uma deusa pagã que veio muito antes de Jesus. Ainda assim, essa lenda me *atrai*, porque soa familiar. Podemos celebrar o nascimento de uma filha em Yule sem obscurecer o ritual do retorno do sol? Sim, acredito que podemos.

Após invocar a Deusa e o Deus, o praticante solitário deve percorrer o círculo em sentido horário até o oeste e ungir sua própria testa com água, no ponto onde se localiza nosso "terceiro olho", o centro místico de toda percepção psíquica, nossa visão interior. Depois, vá até o caldeirão no centro do círculo e sente-se. Permaneça imóvel por um tempo e perceba a escuridão e o silêncio à sua volta, a noite fria lá fora.

Diga: "*Na noite mais longa, toda a natureza dorme. O frio e a quietude abraçam a Terra como a morte. Um reino de escuridão se forma. Há uma pausa, um pairar entre a vida e a morte, uma suspensão. Mas o mundo sempre acorda do sonho, ano após ano. Que a visão de prata me seja concedida em meio a esta escuridão. Compartilho do trabalho da Deusa Mãe, e de meus sonhos nascem o futuro*". Glyn, você mudará a última frase dessa invocação para: "*Que a visão de prata me seja concedida agora em meio a esta escuridão. Ao ver os sonhos da Deusa Mãe para a vida na Terra, minha celebração e minha dança os tornam reais*".

Feche os olhos e entre em transe, repetindo para si:

Assim como o mundo sempre desperta,
de ano em ano, de era em era,
e o sol se levanta mais cedo,
que a visão de prata me seja concedida
em meio a esta escuridão.

Repita a invocação até que as imagens comecem a se formar. Veja como o mundo seria se a paz e a harmonia fossem restauradas em toda parte, se a Deusa fosse honrada e se o Deus Cornífero cantasse alto mais uma vez em alegria e liberdade enquanto toda a vida dança ao seu redor. Veja como o mundo seria ao nascer do sol, começando como um lampejo tímido. Depois imagine os raios da luz do sol sobre toda a Terra, revelando suas belezas intocadas. Como seria esse mundo? Como as pessoas viveriam? Qual seria a sua relação com as outras formas de vida? Quais seriam os seus valores? Veja as artes, as expressões do amor, ouça a música e a poesia. Então observe se você tem um papel a desempenhar na criação desse mundo. Sonhe que está agindo ou invocando a mudança. Vislumbre os resultados.

Agora, levante-se e fique de costas para o altar, dizendo:

Danço pelo nascimento e retorno do sol
e pela Terra na beleza do amanhecer.
Do útero da noite nascem a vida e a luz

para tudo renovar a partir deste momento.
Do útero da noite nascem a vida e a luz.

Repita o último verso enquanto dança em sentido horário, acumulando seu poder e energia. Direcione-os para o caldeirão. Dentro dele, deve haver uma vela apagada e ramos de pinheiro. Os ramos devem ser removidos de dentro do caldeirão e distribuídos em círculo em volta dele. Diga o seguinte:

O círculo da vida é inquebrável na Deusa Tríplice. Nela, a vida é renovada e a luz retornará. A Grande Mãe dá à luz o Filho e a Filha agora, neste momento eterno. O filho e a filha do Sol da Terra são vistos enquanto o mundo se recria. Saudações ao sabá de Yule!

Acenda a vela, dizendo: "Que a manhã seja recebida com alegria, pois vejam! O sol recém-nascido se levanta".

Pegue a varinha e passe-a pela chama da vela. Percorra o círculo em sentido horário, movimentando a varinha em cada uma das quatro direções, afirmando: "*Paz na Terra. Vida e luz para todas as criaturas*".

Devolva a varinha ao altar. Vá até o lado leste do círculo com um sino em mãos. Diga: "*O choro da Filha recém-nascida da Terra é ouvido em todos os mundos. A comemoração em seu nome traz a renovação, uma nova ordem. Abençoada seja!*".

Toque o sino em cada uma das quatro direções. Ouça seu som ecoar nos planos interiores e viajar pelos quatro cantos da Terra, levado pelos quatro ventos. Devolva o sino ao altar.

Em seguida, encha seu cálice com água com mel ou vinho com mel. Estenda-o diante de você e diga:

Compartilho da renovação de toda a vida.
Com as demais criaturas, sou apreciado
pela Deusa Mãe.
Que eu possa crescer em (por exemplo, amor e sabedoria).
Criança pagã do sol e da lua.

Renasço em liberdade.
Nutro-me da doçura.

Beba do cálice. Ao fazê-lo, reflita sobre aquilo que precisa desenvolver, sobre como nutrir seus dons e habilidades. Na temporada de Yule, você receberá alguma dádiva da Deusa e do Deus para ajudá-lo em seu caminho. Feche os olhos e sente-se em silêncio ao lado do caldeirão. Veja a Mãe e o Pai de todas as formas de vida. Visualize-os vindo até você, em meio à noite escura e fria. Você está em uma floresta, e as estrelas brilham sobre sua cabeça por entre os galhos secos das árvores. Você encontra o Deus e a Deusa em uma pequena clareira. Eles estendem o presente (ou os presentes) na sua direção. Talvez seja possível visualizar algo que será prontamente reconhecido, ou o presente pode ser representado por algum símbolo. Talvez seja alguma coisa abstrata. Se não compreender o que ele significa, peça esclarecimento. Receba o presente com gratidão. O entendimento virá até você no decorrer do ano. Abra os olhos lentamente e encerre o ritual com uma comunhão.

Esse é o rito do solstício de inverno. Sejam alegres e sábios e renovem-se.

Bom, agora eu já apresentei a vocês o significado de todos os oito sabás e das celebrações da lua. Entendam que não existe, de forma alguma, uma progressão linear, mas um círculo. Nosso entendimento de cada sequência pode mudar, seja do ponto de vista coletivo ou individual. Ainda sabemos muito pouco sobre as relações entre os dois — entre o ciclo do sol e o ciclo da lua na Terra. Por isso, elas devem ser sentidas, intuídas.

Não há nada definitivo nessa versão que eu apresentei a vocês em minhas cartas. É apenas o que eu e Cole estamos fazendo este ano. No próximo, pode ser que tenhamos mudado, que comemoremos os sabás de outra forma ou com outra ênfase. No reino da Mãe, as coisas mudam de figura.

Enviarei mais uma carta a seguir.

Bênçãos iluminadas,
Rae

New Green
Avonford
1º de janeiro de 1988

Queridos Tessa e Glyn,

Para responder às suas perguntas, existe algo de impenetrável sobre o solstício de inverno, uma transcendência e um mistério. Em um momento atemporal, toda a natureza morre e renasce. É como o início dos tempos, a criação de todos os mundos e os muitos níveis de realidade e existência, sejam eles evidentes ou não, objetivos ou subjetivos. Não consigo explicar como isso acontece, mas o ciclo do ano (aquele que comemoramos) é a manifestação da Deusa e do Deus. Em Yule, reconhecemos sua transcendência. A Deusa é não nascida, ela nunca morre. Ela está eternamente em processo criativo entre mundos. Desse modo, ela dá à luz mundos novos ao fim de cada ciclo. É isso que comemoramos em Yule, assim como o nascimento de um ano novo. O caldeirão é o símbolo do mistério. É dentro do caldeirão da Deusa que o Senhor da Escuridão se transforma em Luz Recém-Nascida. O caldeirão é o túmulo e o útero, o recipiente da transformação.

Em Imbolc, a jovem Deusa Bride e o jovem Deus Sol são a Filha da Lua e o Filho do Sol aqui na Terra. Nós celebramos o Deus e a Deusa imanentes, que habitam o universo. Eles não são divindades distintas da Deusa e do Deus transcendentes, assim como você não é diferente de suas ações e comportamentos. A criação os revela, da mesma forma que a infinitude do espaço sideral revela a infinitude dos planos interiores. Existe uma Deusa, três em uma. Existe um Deus, Senhor do Dia e da Noite. Nós os encontramos sob muitas faces e os conhecemos por muitos nomes. Estes, e os muitos nomes pelos quais as outras pessoas conhecem a Deusa e o Deus, são todos sagrados.

Tessa, você me perguntou sobre ervas, incensos e óleos naturais. Existem livros especializados nesse assunto, mas falarei um pouco sobre isso a título de introdução. E você está certa: para que serve uma bruxa que não sabe nada sobre as propriedades mágicas das ervas?

Muito conhecimento pode ser adquirido simplesmente olhando à sua volta. Quais flores desabrocham em determinada estação? De que cor elas são? Que árvores são perenes? Também podemos aprender muita coisa através dos costumes e tradições populares. Por exemplo, as rosas vermelhas são um símbolo do amor. O alho é conhecido por sua ligação com o exorcismo, mas poucas pessoas sabem que ele pode ser levado em viagens marítimas ou fluviais como um amuleto contra o afogamento.

A mistura de incensos é uma verdadeira arte por si só. É possível criar uma fragrância especial para quase toda ocasião ou finalidade específica. Você pode se interessar e se aprofundar nesse aspecto da magia, mas Cole e eu tendemos a queimar apenas incenso de pinheiro no inverno e de lavanda no verão. Para simplificar, só variamos os aromas se um ritual ou feitiço exigir um tipo de incenso específico. Em outras palavras, se a queima do incenso for o meio físico principal pelo qual o feitiço será lançado. Para purificar a atmosfera de um cômodo, por exemplo, uma boa alternativa seria misturar pinheiro, zimbro e cedro. É bom lembrar isso quando estiver se mudando para uma casa nova.

Para entrar em transe, você pode queimar folhas de louro ou de artemísia e losna. Talvez prefira usar um difusor pessoal com óleo essencial de capim-limão, pois ele abre os centros psíquicos. Antes de praticar algum tipo de divinação — como enxergar sinais em objetos reflexivos ou ler cartas de tarot —, você pode beber chá de alecrim, tomilho ou milefólio, plantas que aumentam a percepção e ajudam a desenvolver a clarividência.

Essas são formas gentis e inofensivas de desfrutar dos benefícios mágicos das ervas e dos óleos naturais. As histórias de que alguns *covens* do passado usavam poções herbais alucinógenas e se cobriam com uma pomada, o famoso "unguento voador" que induzia visões, são todas verdadeiras. São poucos os *covens* modernos que ainda usam alucinógenos. De qualquer forma, não seria muito sábio tentar usá-los sozinha, sem um conhecimento especializado. O uso delicado das ervas mágicas, embora mais lento, é igualmente efetivo. Essa abordagem implica menos dependência dos efeitos físicos das ervas e um foco maior nas vibrações etéreas e estéticas. A principal ferramenta mágica é você mesma, sua habilidade de fazer contato com os planos interiores e de focar, visualizar. Essa habilidade é moldada pela prática e experiência. A magia herbal pode ser uma auxiliar. Acredito que uma abordagem mais drástica é capaz de manipular os espíritos da planta e a psique da própria pessoa. Ela também pode ser perigosa, abrindo os centros psíquicos de maneira muito súbita e danificando-os. No entanto, a magia herbal que conecta as "vibrações" da planta ao transe e à concentração é tanto segura quanto potente, ainda que menos dramática. Enfim, é a abordagem que eu recomendo.

Aqui está uma pequena lista de ervas com algumas de suas indicações mágicas:

- Cura: alecrim, eucalipto, hortelã, tomilho e sândalo.
- Purificação: pinheiro, zimbro, cedro, lavanda e hissopo.
- Amor: rosa, abrótano, murta, ulmária e manjericão.
- Clarividência: louro, artemísia, losna, milefólio e sorveira.
- Proteção psíquica: assafétida (o cheiro é horrível!), cipreste, olíbano, alho e verbena.
- Sorte: urze, azevinho, musgo-irlandês, noz-moscada e carvalho.

E abaixo, alguns óleos essenciais para os mesmos fins:
- Cura: alecrim, sândalo.
- Purificação: lavanda, mirra.
- Amor: rosa, jasmim.
- Clarividência: capim-limão, açafrão.
- Proteção psíquica: cipreste, olíbano.
- Sorte: flor de maçã, erva-cidreira.

As ervas, com ou sem óleos essenciais, podem ser queimadas como incenso ou costuradas em sachês ou pequenos amuletos de tecido. É possível usar os óleos essenciais para ungir* você mesma, outra pessoa ou objetos (como uma vela ou uma varinha, por exemplo).

Cada festival tem as flores ou as frutas apropriadas para uso no altar ou no ambiente. Pode ser que elas nem sempre estejam disponíveis. Nesse caso, você deve procurar uma alternativa. Alguns exemplos:

- Galantos em Imbolc.
- Narcisos em Ostara.
- Espinheiros em flor em Beltane.
- Rosas em Litha.
- Frutinhas silvestres em Lughnasadh.
- Milho em Mabon.
- Maçãs e castanhas em Samhain.
- Azevinho, carvalho e visco em Yule.

Essas são algumas das flores e árvores sagradas para a lua: gardênia, jasmim, erva-cidreira, rosa-mosqueta, lírio, lisimáquia e salgueiro. Para um ritual da lua, qualquer uma delas serve.

Agora, cabe a você, Tessa (e a você, Glyn, se decidir fazer uma autoiniciação no futuro), redescobrir e recriar a antiga Arte dos Sábios, na condição de bruxo ou bruxa solitária. Esse é um caminho de flores selvagens, luzes de velas e brilho de estrelas. Também é um caminho de plantas misteriosas. Ele exigirá muito, mas vocês conhecerão os mistérios. O cálice do vinho da vida será seu para beberem dele, e o pão da comunhão também será seu para comerem dele, ainda que, às vezes, pareça não haver mais nada além disso. Suas vidas se tornarão uma jornada cheia de significado.

Que as bênçãos da Deusa Tríplice e do Deus Cornífero
recaiam sobre cada passo que derem.

Rae

---

* Recomendamos que os óleos essenciais sejam sempre diluídos antes de entrarem em contato com a pele. Para a unção, que pode ser feita na altura do terceiro olho, o indicado é apenas tocar a ponta do dedo no óleo. (N. E.)

SEGUNDA PARTE

Ladywell
Hillsbury
19 de março de 1988

Querida Tessa,

Feliz Ostara! Seria maravilhoso receber você por um fim de semana. Venha no verão, quando o tempo estará mais quente e estaremos mais estabelecidos. Acho que você vai gostar da casa. A cidade é muito diferente de Avonford: muito mais quieta e parece que a atmosfera do campo entra direto pela porta.

Acho que não consigo te ensinar sobre os assuntos que você me pediu em um período tão curto quanto um fim de semana. Com relação ao seu aprendizado, creio que devemos retomar as lições em forma de carta. Isso me ajuda a manter um registro, como eu disse anteriormente. E assim será possível fazer tudo no seu tempo.

Você me perguntou sobre o trabalho interno de uma bruxa. "Transe", aquela misteriosa palavra que usei aqui e ali, o que significa de verdade? Ela tem uma conexão direta com o poder de lançar feitiços e significa um estado em que é possível vislumbrar o futuro e comungar com os espíritos da natureza. É por meio do transe que as mudanças são construídas. Mas há como usá-lo fora do círculo, de maneiras que eu ainda não falei? Há, sim. O transe é a magia interior, a comunhão com a fonte de todas as nossas vidas. Ele também é um meio de transformar. Afinal, aquilo que mudamos durante o transe, registramos ou "vemos" de maneira diferente, é sempre seguido de uma mudança exterior, desde que a imagem seja acompanhada de "carga" emocional suficiente. Não se esqueça disso, pois você pode mexer com seu próprio humor, para o bem ou para o mal, durante o transe. O mesmo pode acontecer com sua saúde, como apontam terapeutas e psicoterapeutas da saúde alternativa de todo o mundo.

Para uma bruxa, o transe é a verdadeira essência e a alma de toda a magia. Entramos em transe quando ainda não é apropriado fazer o ritual. Quando a bruxa não está pronta para o ritual e precisa meditar, buscar orientação ou ter certeza de seu objetivo. E se os rituais são o trabalho externo, então o transe é o trabalho interno que toda bruxa deve fazer. Em transe, ela sempre poderá encontrar a Deusa e o Deus, assim como o caminho, onde quer que esteja, e não somente em uma determinada hora e dentro do círculo mágico. O transe é a verdadeira fonte das habilidades da bruxa.

Antes de vivenciar os festivais do ano corrente e celebrar as fases da lua, você não tinha nenhuma sinalização para a jornada aos planos interiores, nenhum mapa exterior a partir do qual traçar o caminho para dentro de si. E antes de perceber a Deusa enquanto criadora e mantenedora de toda a vida, junto com o Deus, seu parceiro, sendo este cocriador e guia, você não tinha pontos de referência espirituais. Não estou querendo sugerir que as pessoas que não são bruxas não têm pontos de referência espirituais. Existem outros caminhos, muitos outros. Mas aventurar-se em um caminho interior sem qualquer parâmetro, sem qualquer conhecimento verdadeiro, é arriscar a própria estabilidade emocional e psíquica.

Você pode estar se perguntando se não estou exagerando os perigos. Não estou, porque já presenciei jovens que abriram seus centros psíquicos com o uso de drogas nas circunstâncias erradas e sem nenhuma orientação ou conhecimento interior. Personalidades já foram arruinadas e vidas, prejudicadas. A desintegração astral, esse despedaçar psíquico, manifesta-se e é vivenciado no mundo "real" e em meio à dor e confusão imensas. Uma bruxa não precisa se preocupar com esse tipo de coisa, pois ela encontra os seres e os eventos astrais com conhecimento e respeito, além de já ter habilidades psíquicas. Essa percepção do sagrado, que é a primeira condição para o respeito, já nasceu com você. Ninguém pode se tornar uma bruxa sem ela. Mas, como você já disse, o conhecimento é algo que ainda não faz parte do seu domínio, assim como as habilidades psíquicas. Eu posso ensinar ambos para que fique a salvo.

Quando tiver mais experiência, você sem dúvida assumirá riscos astrais por conta própria. Eles serão assumidos após muita reflexão, com base em um julgamento consciente. Até lá, posso ser sua professora de técnicas básicas (uma instrutora dos processos internos, talvez?).

O primeiro exercício de transe que vou propor pode parecer meio chato depois de todos esses avisos, mas vale a pena fazê-lo mesmo assim. Quero que você defina caminhos e crie um lugar seguro para onde possa retornar e de onde possa partir, tendo uma noção clara de orientação.

Você já teve algumas experiências com o transe nas celebrações da lua cheia e nos sabás. O que eu vou te ensinar não é tão diferente assim, mas ficará mais complexo com o passar do tempo. O objetivo é ir além das rotas planejadas, onde tudo é decidido antes de você entrar em transe. Em algum momento, você será capaz de viajar e explorar ao mesmo tempo, no intuito de resolver conflitos internos, receber orientações e instruções metafísicas, trilhar um processo de cura ou trabalhar com o tipo mais sutil de magia, os "feitiços dos sonhos".

Praticamente todas as religiões do mundo fazem uso do transe e das técnicas meditativas, de um jeito ou de outro. Elas acalmam a mente lógica, envolvendo-a em um estado de quietude para que o transracional possa surgir e se reintegrar. Os mantras, as mandalas, a repetição de orações no rosário, a batida de tambores, as drogas e as posturas especiais da ioga são algumas das muitas técnicas usadas para atingir estados alterados de consciência. Como bruxas solitárias, fazemos isso em um ritual no qual criamos um espaço sagrado, então dançamos e cantamos dentro dele. Mas também podemos alcançar o mesmo estado de "sonho lúcido" com o transe por meio de uma visualização, um exercício mental que nos direciona para dentro e aprofunda a consciência, funcionando como uma autoprogramação simples. Em outras palavras, a visualização inicial instrui a mente: "Volte-se para dentro" e assim o fazemos. A melhor forma de entender o processo é experimentá-lo.

Como em qualquer outra atividade mágica, você deve estar livre de interrupções. Tire o telefone do gancho e coloque uma placa em sua porta, se for preciso, pedindo às visitas que voltem no dia seguinte. Use uma roupa quente, pois sua temperatura corporal vai diminuir durante o transe. Os batimentos cardíacos e o ritmo da respiração também diminuem, como quando estamos dormindo. Sente-se de maneira confortável, em uma posição relaxada. Uma poltrona com o encosto reto é ideal para essa prática. Não cruze os braços ou pernas. Agora, relaxe.

Pode ser que você precise fazer um exercício simples de relaxamento, como contrair e descontrair os músculos. Comece pelos pés, contraindo todos os músculos até a altura da canela. Mantenha-os contraídos e em seguida relaxe. Depois suba para os joelhos e as coxas. Contraia um de cada vez e então relaxe. Prossiga para os músculos da barriga, nádegas, peito e ombros. Contraia e relaxe cada um deles, sem pressa. Faça o mesmo com os braços e as mãos. Com o pescoço e a mandíbula. E, por fim, contraia todos os músculos do rosto. Para encerrar, contraia tudo de uma vez e depois relaxe.

Esse é um exercício comum de relaxamento. Se você tiver outra técnica de sua preferência, pode usá-la sem problema. Com o tempo, não precisará mais de nada e conseguirá entrar em transe quando quiser.

Agora, mentalize uma esfera de luz azul à sua volta, a mesma que você lança em torno de seu círculo mágico. Visualize-a. Em seguida, diga a si mesma:

Lanço ao meu redor uma esfera de luz azul, como o manto em torno da Mãe Terra. Que ela me proteja. Sou da Terra e do céu, filha da Grande Mãe. Que ela e o Deus Cornífero olhem por mim. Que eu seja guiada nos planos interiores, onde a infinitude do tempo e do espaço se projeta no alcance das estrelas mais distantes.

Se essa fala for muito longa ou você não gostar dela por algum motivo, crie sua própria invocação, desde que seja algo nesse sentido.

Você pode se perguntar por que precisa criar a própria atmosfera ou barreira protetiva, como se estivesse prestes a mergulhar em águas profundas cheias de piranhas! Na maioria das vezes, essa preparação não é necessária; mas, vez ou outra, você será grata por ela. Os planos interiores, compreenda, são criados pela imaginação. Ou, para usar os termos corretos, eles são projetados e percebidos por ela. Mas isso não quer dizer que você encontrará *apenas* sua própria imaginação e aquilo que ela produz. Já que a imaginação é o meio no qual encontramos todas as forças arquetípicas, ela transcende o nosso próprio entendimento. E uma força arquetípica pode assumir a forma de um ser chamado de "entidade". Ela é, na verdade, uma forma de pensamento dotada de alma com força e natureza arquetípicas. Ela terá uma existência independente, que vai além de *sua* imaginação, porque a imaginação coletiva a perpetua. Você também pode encontrar os produtos da imaginação vindos dos anseios e medos de pessoas próximas a você. Como se isso não fosse suficiente, pode encontrar aspectos reprimidos de si mesma, aquelas áreas de seu ser que talvez tenha rejeitado e suprimido e que vagam zangadas por aí. É claro que o objetivo do transe é reconciliar ou transformar essas situações. Mas isso não acontece permitindo que os visitantes psíquicos indesejados e não transformados tenham uma espécie de "passe livre" para o nosso espaço psíquico.

A verdadeira imaginação é o reino do Éter, e o que acontece lá determina nossa realidade física. Essa é, afinal, a base de toda a magia. Por outro lado, as condições em que vivemos afetam nossa imaginação. Os arquétipos do militarismo, por exemplo, são reforçados pela glorificação das guerras reais. Já as imagens de vídeos pornográficos alimentam os arquétipos de violência contra a mulher. A criação de uma atmosfera de amor e sabedoria que esteja sempre com você e te sustente é, portanto, tão recomendável quanto sair vestida na rua. E pedir aos Espíritos Guardiões que te mantenham calma e lúcida é o básico, na verdade. Os planos interiores não são feitos só de amor e luz. Se fossem, o mundo inteiro seria inocente e poderíamos todos ir para a Terra do Verão, dando nossa existência concreta por encerrada (até o próximo ciclo?).

Se o seu transe não tiver de ser muito profundo, mas for apenas um pedido simples de orientação sobre uma decisão que você precisa tomar, a esfera de luz azul será suficiente. Porém, devo dizer mais uma vez que, para transes mais profundos, você deve invocar a proteção dos Espíritos Guardiões do Ar, do Fogo, da Água e da Terra, como se estivesse construindo um círculo mágico completo, só que em sua imaginação. Vá até cada uma das quatro direções desse círculo imaginário, pedindo em cada ponto que eles a protejam e a orientem. Você também pode se visualizar fazendo as oferendas em cada uma das quatro direções, como quando lança um feitiço fora do círculo. Imagine o incenso, a vela, a água e a pedra. Peça aos Espíritos Guardiões que te acompanhem até o transe terminar.

A esfera azul continuará ao seu redor, mesmo depois que você parar de visualizá-la. A ideia não é ver tudo através de uma névoa azul. Simplesmente presuma a presença dela. No reino do Éter, a existência segue de imediato o pensamento. Uma vez que você tenha dado forma à esfera em pensamento, ela permanecerá lá pelo tempo que determinar.

Feito isso, visualize que o chão no qual pisa não é mais feito de carpete, madeira ou concreto. Agora, você está de pé sobre a grama verde. Não existem paredes ao seu redor, só árvores altas. Você está dentro de uma clareira na floresta. Há folhas em todas as árvores e os pássaros cantam. Aqui, é possível encontrar seu espírito familiar, preparar-se para uma jornada ou apenas ficar em paz. Há flores silvestres em meio à grama. Ande pela clareira, olhe em volta, sinta o cheiro da brisa e ouça o canto dos pássaros. Ouça o som do vento na copa das árvores. O céu acima é azul. Tire os sapatos. A grama sob seus pés é fresca e a Terra te sustenta. Sinta a energia da Terra subindo pela sola dos pés e preenchendo todo o corpo. Você se sente forte sendo você mesma, bruxa e sacerdotisa, vestida em seu robe. Seus cabelos estão soltos e seu atame está preso no cinto.

Há um altar de madeira na face norte da clareira. Sobre ele, um cálice de vinho e um prato de madeira com pão. Aponte o atame para o vinho e diga que, em nome da Deusa Tríplice e do Deus Cornífero, ele deve revelar sua verdadeira natureza; exija que essa natureza se mostre. Se o vinho brilhar com uma luz dourada, prateada, branca ou nas cores do arco-íris, você pode beber o conteúdo do cálice. Mas se o brilho for escuro e de aparência estagnada, peça ajuda aos Espíritos Guardiões do Fogo. De imediato, eles farão surgir um ponto de fogo na clareira, como uma fogueira de acampamento, pequena e contida, mas brilhante. O fogo é o elemento da transformação e da purificação imediatas. O que você está fazendo aqui é transmutar suas emoções religiosas de insatisfação e infelicidade em sentimentos de alegria. Por emoções religiosas, refiro-me principalmente ao senso de comunhão com todo o mundo natural, que é o principal impulso espiritual pagão. O cálice contém o vinho da comunhão e o prato, naturalmente, o pão da comunhão.

Repita o processo de "conferir" a verdadeira natureza do pão e jogue-o no fogo se ele parecer velho ou mofado. Mas se ele emitir uma luz brilhante, pode comê-lo.

O que fazer se o pão, o vinho ou ambos tiverem sido jogados no fogo? Espere um pouco e eles reaparecerão no altar. Confira cada um novamente. É provável que você possa consumi-los dessa vez. Caso não possa, terá uma base para meditar: se sentiu desconfortável de uma hora para outra com os cultos pagãos? Se é esse o caso, por que isso aconteceu? Pode ser que você precise sair do transe para pensar nisso ou permanecer em seu lugar interior enquanto pondera. Caso precise sair, você deve seguir o ritual para abrir o círculo e selar sua aura, mas descreverei como fazer isso adiante.

É mais provável que o pão e o vinho brilhem. Ao comer e beber, sinta a vida da mata ao seu redor. Os pássaros nas árvores, as toupeiras, os ratos e todas as pequenas criaturas que cavam buracos na terra. As borboletas, as aranhas e as moscas. As minhocas, os insetos e os besouros invisíveis. Sob a terra, as rochas e os rios subterrâneos. Perceba tudo ao seu redor: as flores, as árvores e os espíritos da natureza, aqueles que cuidam da floresta e de você — pois você também pertence à Terra, sendo filha da Mãe Terra.

Quando estiver pronta, faça uma oração em agradecimento à Deusa e ao Deus. Deixe o cálice e o prato no altar. Sempre que você voltar a ele, o cálice e o prato terão tido seu conteúdo restaurado. Dê uma última olhada à sua volta e sinta a terra se tornando o piso sob seus pés novamente. Você está voltando ao círculo que lançou à sua volta, no cômodo onde estava antes do transe. Agradeça aos Espíritos Guardiões do Ar, do Fogo, da Água e da Terra. Despeça-se deles dizendo: "*Saudações e adeus*".

Diminua o tamanho do círculo azul ao redor do seu corpo, de modo que ele tenha o mesmo formato que a sua silhueta, como uma segunda pele com cerca de oito centímetros de espessura. Visualize uma camada de luz dourada sobre ela. Diga:

Esta aura de luz azul contornada de dourado deve permanecer comigo agora, enquanto vou em direção ao mundo. Em nome da Deusa Tríplice do Círculo do Renascimento e do Deus Cornífero, que eu tenha sua proteção, como a árvore é coberta por sua casca, a raposa, por seu pelo, e a Terra, por sua atmosfera azul. Assim seja e assim é.

Acrescente o que desejar ou componha a sua própria oração. Abra os olhos e levante-se devagar.

Isso é suficiente como primeiro transe fora de um círculo. Como você pode observar, ele é muito mais simples que o transe de sua iniciação. Entrar nele é mais complicado: você não tem o ritual físico de lançar um círculo, ou o processo de invocar a Deusa e o Deus para direcionar sua consciência aos planos interiores e se harmonizar com a presença das divindades em tudo que existe. Durante seu retorno, você tampouco tem um círculo mágico para o qual voltar. Apenas um ambiente qualquer do mundo cotidiano. Por isso, você deve entrar e sair do transe com muito mais cuidado.

É melhor eu parar por aqui, senão esta carta vai virar uma dissertação! Escreva de volta para me contar como você se saiu e quando posso esperar sua visita.

Abençoada seja,
Rae

Ladywell
Hillsbury
20 de março de 1988

Querida Tessa,

Tenho mais coisas para escrever hoje. Por isso, decidi enviar esta carta no mesmo envelope daquela que escrevi ontem, pois me pareceu uma boa ideia enviar várias informações de uma vez só. Você não ia querer fazer um pequeno experimento com o transe, enviar uma resposta pelos correios e ter de esperar semanas antes de avançar para a próxima etapa. Enviarei as lições em lotes. Você pode me responder por telefone, em vez de me enviar uma carta. Isso vai acelerar o processo. Eu sei que te disse para não apressar as coisas e espremer tudo em um único fim de semana; mas, por outro lado, não quero que se sinta como se alguém estivesse te segurando.

Como você ainda não leu a carta que escrevi ontem, terei de antecipar suas possíveis dúvidas. Então imagino que você esteja dizendo: "Mas eu pensei que o transe era mais do que só visualizar e imaginar coisas!". E ele é. Mas esses experimentos preliminares do uso criativo da imaginação são importantes. São práticas das quais você sempre precisará.

Com o tempo, as coisas começarão a acontecer durante o transe "por conta própria". Talvez um unicórnio saia da floresta sem que você tenha decidido imaginá-lo de forma consciente. É como se estivesse sonhando, apesar de estar sempre acordada. Mas não é como nos sonhos lúcidos normais. As cores que você verá serão mais intensas e as imagens, mais claramente delineadas. Na verdade, é como aquelas visões que temos quando estamos prestes a cair no sono, e devem vir da mesma fonte. No entanto, enquanto as visões antes de dormir são espontâneas, o transe é um processo desencadeado deliberadamente. O ato de imaginar coisas é e sempre será uma parte do transe. Ele é o meio pelo qual a invocação acontece, o modo como o transe começa, além de ser nossa contribuição enquanto ele está em andamento, uma expressão de nossa criatividade psíquica.

É importante perceber que você nunca será "dominada" pelo transe. Então sempre haverá espaço para uma escolha consciente a respeito do que você vê ou faz. Uma bruxa nunca perde a consciência durante o transe — a menos que pegue acidentalmente no sono! Você não perderá contato com o meio físico onde está. Por fim, você com certeza não estará "possuída" só porque entrou em estado de transe. Você não vai se comportar como aqueles médiuns que aparecem na televisão, que retomam a consciência sem saber o que disseram ou viram, só para ouvir de uma audiência espantada que tal pessoa morta falou por meio dele. Nada disso vai acontecer a você. Para uma bruxa, o transe significa algo bem diferente disso. Qualquer pessoa falecida que encontrar durante o transe falará por si mesma, dentro de você, como em um sonho. Mas, por estar totalmente consciente, poderá repassar essas informações a qualquer pessoa que esteja no mesmo ambiente e cuide de você durante o transe.

Se estiver sozinha, certifique-se de que se uma criança acordar no andar de cima, será possível ouvi-la.

Como sugeri, o transe, as visões antes do sono e os sonhos são muito parecidos e devem vir da mesma fonte. Mas os sonhos, ao menos para a maioria das pessoas imersas na cultura ocidental moderna, são completamente passivos. Quem sonha não tem poder consciente sobre os acontecimentos e os resultados de seus sonhos. Até as ações da pessoa têm um "quê" involuntário. No transe, a pessoa está acordada enquanto sonha. Por isso, os conflitos são resolvidos com participação ativa, as escolhas são feitas e as ações realizadas de modo consciente. Às vezes, isso acontece por meio da construção de "imagens" com um objetivo em mente.

O transe une a passividade ou a receptividade dos sonhos com a atividade em potencial, e a autoafirmação da consciência desperta e os reconcilia. Muito do conhecimento antigo sobre o transe ainda não foi recuperado. Mas ele é, com certeza, a principal fonte dos poderes mágicos de uma bruxa solitária. Quando falo em "poder", quero dizer o poder de fazer alguma coisa, não o poder sobre alguém; refiro-me à habilidade, não à dominação. O transe também é o meio pelo qual a bruxa solitária trabalha a autointegração, a regeneração, o reequilíbrio psíquico e a exploração de seu universo espiritual. Ele é sua comunhão com a Deusa e o Deus, seu caminho espiritual e seu portal para a transcendência.

O transe também tem muito em comum com os sonhos, no sentido de que meu transe, meu mundo interior, não será o mesmo que o seu. Embora eu possa oferecer o conhecimento das técnicas e te mostrar como começar, sua experiência nos planos interiores será única. Talvez você vá ao equivalente psíquico da China, enquanto eu posso ir até a Islândia ou ficar na Grã-Bretanha. Além do mais, o mundo interior é bem parecido com o exterior: apesar de estarmos todos no mesmo universo, ainda assim cada pessoa o sente e experimenta de um jeito. Isso quer dizer que, embora eu te ensine as técnicas básicas do transe, pode ser que você faça jornadas interiores a lugares que eu não visitei, ou ir aos mesmos lugares que eu e ter uma experiência diferente da minha.

Se alguém tentar te impor a própria visão ou experiência psíquica, encare essa pessoa com profunda desconfiança. Não existe "o único jeito certo". Jamais pense que é isso o que estou te ensinando.

Para o próximo exercício, sente-se ou deite-se em uma posição confortável, como no transe anterior. Deitar provavelmente te fará cair no sono se você já estiver cansada, mas isso não é um problema. Encare o sono como outra forma de cura, se ele vier. Depois agradeça aos Espíritos Guardiões quando acordar. Peça as bênçãos e a orientação da Deusa e do Deus em sua vida e diminua a esfera de luz azul, condensando a luz no formato do seu corpo, como faz ao encerrar uma experiência de transe. Se pegar no sono, é porque precisava descansar; nesse caso, você pode tentar o transe em outra ocasião.

Após visualizar a esfera azul e invocar proteção para si, sinta o chão da floresta sob seus pés. Como antes, caminhe sobre a grama verde e por entre as flores. Verifique se você está usando seu robe de bruxa ou qualquer outra roupa que tenha recebido durante o transe de sua iniciação. Do contrário, olhe em volta na clareira até encontrar o traje. Tire todo o resto e vista o robe. Ele é uma afirmação de seu papel de bruxa e um meio para transformar a consciência cotidiana e despertar as habilidades psíquicas. Você deve vesti-lo no início de todo transe.

Agora, caminhe para dentro da floresta a leste da clareira. A mata logo ficará menos densa e você se verá no topo de uma escarpa, olhando para o leste. Você sente uma brisa fresca. Respire fundo e invoque os Espíritos Guardiões do Ar, pedindo que eles levem todas as ideias falsas e pensamentos infelizes para longe, dissipando-os e tornando-os inofensivos. Sinta o ar fresco encher seus pulmões até a energia correr em suas veias e você se sentir alerta e mentalmente focada. Olhe para a imensidão do céu que consegue ver da escarpa. Pode ser que consiga ver os Espíritos Guardiões do Ar. Se não vir, peça a eles que apareçam para você. Então será possível ver um ou mais Espíritos Guardiões de tudo que é jovem, fresco, pertencente às manhãs, às luas crescentes e à primavera, a tudo que for relacionado a inícios. Pergunte se há algo que você precise compreender sobre eles. A resposta pode ser algo concreto ou eles podem te mostrar um símbolo. Do contrário, você pode ouvir uma voz ou sentir a resposta. Se não a entender, faça mais perguntas. Por fim, agradeça pelos esclarecimentos e pela purificação do ar que acabou de receber e volte à clareira.

Agora, entre na floresta ao sul. Você encontrará um lugar onde o sol irradia por entre as árvores em um feixe de luz dourada. Peça que todas as energias prejudiciais, de doenças e de preocupações sejam transformadas. Enquanto estiver de pé no local, sinta essas energias queimarem para fora de você, como se fosse uma febre, só que mais branda. Você está brilhando com a energia do Fogo, recebendo-a da maior fonte de calor disponível para nós. Dentro do feixe de luz, poderá ver um ou mais Espíritos Guardiões. Eles são paixão, vitalidade, o melhor da vida. O meio-dia, a lua cheia e o elemento fogo. Tudo o que brilha, reluz e contém energia pertence a eles. Pergunte se há algo que precise compreender sobre eles.

Talvez você se sinta confusa: como o sol pode ser o Deus, mas também uma expressão do fogo e de seus Espíritos Guardiões? A resposta, naturalmente, é que o sol não é o Deus no sentido literal, mas uma das maneiras pelas quais o Deus se manifesta, por meio do fogo. O Deus, Pai de todas as formas de vida, é o Rei Sol, o Homem Verde, o Deus Cornífero. Há algo dele em cada vida animal e em todo homem. Enquanto Pai Natureza, ele pode ser facilmente compreendido como o sol, assim como a Deusa pode ser percebida como a lua e os oceanos.

Em seguida, tome o caminho rumo a oeste. Ele segue em suave declive colina abaixo. Haverá uma nascente que alimenta uma pequena lagoa. Dela sai um córrego que desce a encosta. A água é limpa, prateada e brilhante. Abaixe-se e beba um pouco dela, pedindo aos Espíritos Guardiões da Água que te purifiquem e renovem. Solicite a eles que a água leve embora todas as imagens falsas, todos os medos e sonhos ruins. Peça também que eles te revigorem enquanto bruxa e sacerdotisa. Respingue um pouco de água em si mesma, principalmente na coroa da cabeça.

Olhe para dentro da água e em volta da lagoa. Talvez você veja um ou mais Espíritos Guardiões da Água. Eles poderão estar na lagoa ou sentados à sua margem. Eles são feitos de poesia, de magia e de sonhos. São da noite, das luas minguantes, da maturidade e do outono, mas não parecem velhos porque não envelhecem. Eles também são do mar, dos lagos, das lagunas, das nascentes e dos poços. Pergunte se há alguma coisa que você precise compreender sobre eles. Quando receber a resposta, agradeça por ela e pela purificação da água. Volte à clareira.

Por último, adentre a floresta na direção norte, logo atrás do altar à sua frente. Aqui, você encontrará uma rocha com o topo achatado, presa com firmeza à terra. Sente-se sobre ela e peça purificação. Invoque os Espíritos Guardiões da Terra. Sinta todo o cansaço, as doenças e os males sendo drenados de você para a pedra. Peça que eles se transformem naquilo que alimenta a vida. Visualize todo o conteúdo drenado de você afundando na rocha, atravessando suas raízes e penetrando nas profundezas da terra. Lá, ele se transformará, assim como as folhas mudam de cor ou como o composto se forma em seu jardim. É possível que você veja um ou mais Espíritos Guardiões da Terra à sua volta. Eles são do poder e da resistência, da lua negra, da meia-noite, do inverno e do envelhecimento, das montanhas e de toda a criação física. Paradoxalmente, são dos campos férteis e dos pomares cheios de frutas. Abrangem todos os processos de nascimento e morte e tudo que diz respeito à vida terrena. Pergunte se há algo que você precise saber sobre eles. Quando entender a resposta, agradeça por ela e pela purificação que acabou de receber da Terra. Em seguida, volte à clareira.

O Éter, o quinto elemento, é o centro e a circunferência, ele está em toda parte e em lugar nenhum. Ao permanecer de pé na clareira, você já está inserida no reino do Éter, em transe. Posicione-se mais ou menos no centro e peça purificação e reintegração aos Espíritos Guardiões. Quando se trata da purificação do Éter, eu geralmente tenho uma visão de um céu estrelado e de sua infinitude. Eu sinto o infinito. Pode ser que você tenha uma experiência diferente. Quando terminar, pergunte aos Espíritos do Éter se pode compreendê-los. São eles que tornam possível a visão dos outros espíritos e, ainda assim, eles mesmos são um tanto nebulosos. Agradeça pelo esclarecimento e pela purificação.

Vamos agora à reintegração e ao centramento. Nesta etapa, eu geralmente me afirmo como bruxa e sacerdotisa. Certifico-me de estar segurando meu bastão, vestindo meu robe e assim por diante. Reconheço-me como filha da Deusa e do Deus, sustentada por todos os elementos. A energia da terra sobe pelos meus pés, atravessando todo o meu corpo e então jorrando de mim para retornar à terra — formando uma corrente contínua, um circuito. O ar flui para dentro e para fora de meus pulmões e por toda a floresta. O fogo e a água estão em equilíbrio dentro de meu ser. E assim estou pronta. Renovada e forte para voltar ao mundo mundano ou continuar em transe.

Essa purificação quíntupla dos elementos e o centramento final têm um forte poder curativo para a psique. Ela também pode melhorar sua saúde, se feita com frequência, e permite que você se aprofunde no transe gradativamente. Com isso, a purificação te prepara para o que vem em seguida. Mas ela também tem sua própria finalidade e talvez você sinta que isso foi suficiente. Se for assim, volte do transe. Volte do mesmo modo como eu descrevi ontem, visualizando-se em casa novamente, cercada por uma esfera azul. Agradeça aos Espíritos Guardiões, à Deusa e ao Deus e reduza a esfera de luz azul cercada de dourado ao seu redor. O primeiro encontro em transe com seu espírito familiar, que estou prestes a descrever para você, pode ser o próximo passo assim que estiver pronta.

Se você já se sentir pronta para continuar, não volte do transe. Você já está harmonizada pela purificação dos cinco elementos, para o que vem a seguir. Continue onde está, no centro da clareira.

Você está prestes a invocar a presença de um espírito familiar. Ele não precisa ser o tradicional gato preto, pois um espírito familiar é só outro nome para um espírito que é o nosso guia e companheiro em forma animal. Você ouvirá que algumas bruxas têm familiares que se manifestam no mundo real. São geralmente cães ou gatos com quem elas se associam e que podem alertá-las psiquicamente para presenças invisíveis. Seu espírito familiar pode ser qualquer espécie de pássaro ou outro animal. Mas sua função pode ser a mesma daquela exercida pelo familiar encarnado. Ele pode acompanhá-la em todos os seus transes, mostrar o caminho a lugares espirituais que você queira visitar, guiá-la e fornecer qualquer tipo de assistência.

Peça em nome da Deusa e do Deus que seu espírito familiar venha até você. Diga algo como:

Entre mundos, eu o invoco,
meu espírito familiar. Pelo ar, fogo, água
e terra, eu o invoco.
Em nome da Deusa Tríplice
do Círculo do Renascimento e do Deus Cornífero,
eu o invoco.
Como bruxa e sacerdotisa, eu agora o invoco:
esteja aqui agora, meu espírito familiar.
Ajude-me agora em minha verdadeira necessidade.

Eu o invoco, que venha até mim agora,
espírito familiar, meu amigo e guia.
Da Deusa, venha até mim aqui.
Enquanto eu for bruxa e sacerdotisa, minha amizade
eu te ofereço. Esteja aqui agora.

É claro que você não precisa decorar tudo isso. Apenas diga algo parecido, em suas próprias palavras.

Um animal ou pássaro surgirá diante de você: seu familiar. Cabe a você criar um laço com essa criatura. Mas se for um amigo de verdade, ele não ficará ofendido se apontar o atame para ele e exigir que ele se mostre verdadeiramente. Se a criatura responder brilhando em luz dourada, prateada, branca ou nas cores do arco-íris, então receba-a com amor. Diga a ela quem você é e fale seu nome mágico. Dê as boas-vindas. Pergunte o nome dela.

Se a criatura não for seu familiar de verdade, mas um guia falso, visualize uma nuvem de uma cor dourada pálida, como a luz do sol poente. Aponte o atame para o animal e ordene que ele entre na nuvem imediatamente. Diga com firmeza, em nome da Deusa Tríplice e do Deus Cornífero, que ele deve te obedecer. Uma vez dentro da nuvem, peça que a criatura seja levada para onde mais necessita ir e que receba a cura e a transformação de que aparentemente precisa.

A nuvem dourada desaparecerá sutilmente e você verá que a criatura também se foi. Essa técnica pode ser empregada a qualquer hora para banir tudo que parecer errado. Você provavelmente precisará dela.

De vez em quando, é possível que encontre alguma entidade astral que não atenderá ao seu comando de entrar na nuvem de luz dourada. Nesse caso, invoque a ajuda da Deusa e do Deus, ou dos Espíritos Guardiões do Fogo. A situação será tirada de sua alçada de imediato, ou então você receberá uma energia psíquica a mais para lidar com ela. Se pedir ajuda em uma emergência psíquica, ela sempre será concedida. Nunca ouvi falar de uma situação em que alguém não recebesse ajuda.

Repita a invocação e o processo de checagem até encontrar seu verdadeiro familiar e dar as boas-vindas a ele. Lembre-se de perguntar pelo nome dele para que, no futuro, você possa chamá-lo a qualquer hora.

Seu familiar tem algum tipo de existência física? Ou ele é um pensamento que você criou, sua imagem de como um familiar deve ser? Ou então são seus instintos, representados por sua imaginação e personificados em forma de animal ou pássaro? Acredito que qualquer resposta seja possível, pois alguns familiares se encaixam em uma categoria e outros, em outra. Mas apesar de ser interessante, essa não é uma questão de vital importância. O que interessa é como você e seu familiar interagem. Na bruxaria, são os resultados que importam e a experiência vivida enquanto resultado.

Apoiar qualquer religião em um sistema de crenças é abrir a porta para a rigidez e arriscar a criação de uma trincheira entre você e os outros. Isso acontece porque todas as crenças se baseiam em construtos lógicos e tendem a ignorar a realidade transracional e transcendental.

Pergunte ao seu guia animal qual a informação de que você mais precisa saber agora — a mensagem ou o conhecimento mais útil para seu momento atual de vida. Assim como acontece com os Espíritos Guardiões, talvez você receba a resposta em forma de símbolos. Objetos estranhos podem surgir na clareira. Eles terão algum significado simbólico; mas se não compreender, fale com seu guia e peça mais explicações. Você poderá sentir ou ouvir a resposta. Ela pode vir por "telepatia".

Em seguida, pergunte ao seu guia animal se ele precisa de alguma coisa de você. Depois de ouvir e atender, despeça-se dele com um: "*Saudações e adeus*".

Depois sinta a terra se tornar piso de novo e veja a esfera azul ao seu redor. Agradeça aos Espíritos Guardiões e peça proteção à Deusa e ao Deus. Condense a esfera azul ao seu redor. Visualize suas bordas douradas.

Abra os olhos lentamente e comece a se mexer. Levante-se sem pressa.

Esse transe foi mais longo que o primeiro e pode ser que você precise comer e beber alguma coisa, para que seu corpo se sinta totalmente "real" de novo, para você se "aterrar".

Quando estiver pronta, faça anotações sobre esse transe e registre-o em seu Livro das Sombras. Inclua o que aprendeu sobre os Espíritos Guardiões e escreva também sobre qualquer evento inesperado que possa ter acontecido, o nome de seu familiar e as orientações que ele te deu.

Uma última coisa sobre os familiares: eles podem ir embora. Aí, um novo familiar assume o lugar do antigo, se você pedir. Quando vão embora, pode ser porque você tenha mudado e, por isso, não trabalhará mais tão bem com aquele guia; ou porque a criatura que acreditava ser o "seu guia" recebeu outras tarefas que você desconhece. Quando chegar a hora, despeça-se dele com gratidão e forme novos laços com o familiar recém-chegado.

Durante o transe, você deve simultaneamente transcender a lógica e se manter cética. É possível reconciliar esses dois opostos brincando de explorar enquanto permanece séria sobre os seus objetivos, que são: a comunhão espiritual com a Deusa e o Deus; o autoconhecimento e a autointegração; e o desenvolvimento das habilidades psíquicas que te permitam assumir seu papel de bruxa e sacerdotisa.

Abençoada seja,
Rae

Ladywell
Hillsbury
27 de março de 1988

Querida Tessa,

Vou antecipar outra pergunta sua: "O que eu faço se não conseguir visualizar nada?". Todo mundo tem problemas para visualizar coisas de vez em quando. Pode acontecer de você não conseguir ver nada ou de ver alguma coisa que não dura o suficiente. Existem dois motivos possíveis para isso: ou você está muito tensa, ou muito cansada.

Se estiver muito tensa, tente passar mais tempo fazendo o exercício de relaxamento. Em seguida, apenas fique sentada de olhos fechados por um instante sem tentar entrar em transe. Enquanto estiver sentada em silêncio, só sonhando acordada, você verá imagens com o seu "olho da mente". Simplesmente deixe acontecer e permaneça nesse estágio o tempo que precisar. Quando se sentir pronta, comece a visualizar sua esfera de luz azul.

Se estiver mesmo cansada demais, não é bom entrar em transe de forma alguma. Você pode cair no sono, e isso não é um problema; mas você também pode ficar acordada, porém sem conseguir lidar com alguma interferência psíquica ou "guia falso". Você também não conseguirá transcender a própria confusão psíquica. Todas nós passamos por isso em algum nível. Isso é inevitável em uma cultura fragmentada que nos bombardeia com valores distorcidos e inconsistentes. Pegar no sono espontaneamente e evitar esse problema pode ser encarado como um presente de cura da Deusa e do Deus. Mas se você *souber* que está muito cansada, é melhor descansar do que tentar entrar em transe.

Algumas vezes, você pode entrar em transe se sentindo ótima, mas perceber que todas as imagens se tornaram borradas e você se cansou. Peça ajuda quando isso acontecer. Tive esse problema no meio de um transe há pouco tempo. Então pedi à Deusa que me ajudasse, e ela gentilmente retirou uma venda preta dos meus olhos. Eu não sabia que a venda estava lá, mas depois que ela foi removida pude ver tudo de maneira clara. O transe em questão era uma exploração da grande pergunta: "De onde vem o mal?". Imagino que talvez eu estivesse com medo da resposta e por isso coloquei uma venda nos meus próprios olhos. Também é possível que eu tenha sido condicionada a perceber essa pergunta de uma forma específica. A retirada da venda simbolizaria a remoção desse condicionamento. Eu não parei para perguntar. Outras coisas estavam sendo mostradas a mim e elas eram muito mais interessantes.

Você vai se perguntar se eu realmente acredito que a Deusa aparece em pessoa no transe. Na verdade, acredito, sim. Pois dentro de mim, lá no fundo, eu carrego um pouco dela. Todas nós carregamos. Não parece uma questão importante para mim se a imagem que eu vejo dela é apenas a minha própria, ou uma imagem arquetípica, mantida e defendida por muitas pessoas. De qualquer forma, estou ao alcance dela e ela, ao meu. Essa imagem, mesmo se eu a tiver criado, é uma expressão de algo que está tanto fora quanto dentro de mim. Ela transcende minha existência, apesar de ser imanente a mim. Portanto, a pergunta sobre se o que eu vejo é subjetivo ou objetivo se torna irrelevante. Se eu vivesse em um planeta onde todo mundo tivesse a pele verde, eu veria a Mãe de todas as formas de vida com a pele verde também. E eu teria razão em vê-la dessa maneira, pois é assim que ela seria nesse planeta. Eu pertenço à rede da vida. Eu faço parte da Deusa e ela é uma parte de mim.

O Deus Cornífero está em mim de maneira menos óbvia do que se eu fosse um homem, pois eu nunca poderia corporificá-lo. Mas ainda assim tenho os atributos dele, da mesma forma como tenho os traços de meu pai biológico. E eu não faço parte do Deus Cornífero do mesmo modo como sou parte da Deusa. Em vez disso, ele é o que viaja. Ele me motiva, pois irrompe a autonomia da Deusa, e então ambos se modificam. E assim a vida continua. Ela cria a vida, depois o Deus renasce, de forma contínua, repetidamente, enquanto a autonomia dela é sempre refeita.

Esse processo é a alquimia de ambos os sexos nos próprios seres e é válida independentemente de qual seja nossa orientação sexual. Todo mundo, seja homem ou mulher, tem uma polaridade interna. O casamento entre esses polos internos traz a completude, a integração, tornando-nos seres completos. Isso não invalida, mas complementa a busca por um parceiro verdadeiro, por uma alma gêmea.

No próximo transe, você encontrará a Deusa da forma como a percebe. Visualize a esfera de luz azul e peça a proteção dos Espíritos Guardiões. Na clareira, invoque seu familiar. Peça a ele para te mostrar o caminho até a Deusa Tríplice, para que você possa encontrá-la em suas três faces.

Você deixará a clareira e seguirá por uma descida sinuosa até ver uma caverna. A entrada não é muito mais que uma fenda entre duas rochas, mas você consegue se esgueirar para dentro, seguindo seu familiar. Haverá uma vela à sua espera sobre uma rocha. Pegue-a e olhe à sua volta: a caverna está limpa. Talvez seja uma caverna de cristal. O chão está coberto de areia. Nos fundos da caverna, há outra abertura. Você a atravessa e uma passagem se estende sinuosa em outra descida profunda. Desça até o fim dela. Você poderá enxergar tudo graças à vela. Ao fim da passagem, verá a luz do dia. Deixe a vela sobre uma rocha e saia. Você está em um lugar novo, uma paisagem nas profundezas da terra. Esse é um lugar de grande paz e beleza. Olhe em volta e verá o mar, não muito longe, além da planície. Agora, peça ao seu familiar para levá-la à parte certa da praia. Lá, você verá areia branca e altos penhascos. Uma nascente borbulha água fresca para fora das pedras até o mar. Esse é um local sagrado. Olhe em volta e vá até a água. Você pode caminhar no rasinho, se quiser. Lá em cima, os pássaros vocalizam. É possível sentir o cheiro do sal.

Agora, peça à Deusa em seu aspecto Donzela para aparecer na praia.

Você verá uma jovem correndo. Ela é graciosa e selvagem ao mesmo tempo e pode vestir algo branco ou prata. Essas são as cores tradicionais da Deusa Donzela. Se ela não estiver usando essas cores, haverá uma razão para isso. Você pode perguntar a ela. Nada é fixo ou dogmático no reino da Deusa, mas tudo tem um significado.

Ela para de correr e vem te encontrar. Essa é a Deusa selvagem, chamada de pura, porque é suficiente em si mesma. Ela é a totalidade, a liberdade mais elevada. Sua virgindade é renovada constantemente. É a Deusa da solidão selvagem e dos espaços abertos, tendo afinidade com todos os animais e tudo que é jovem. A poesia e o encanto são dela. Também o é a sobrevivência em lugares solitários e todas as habilidades femininas de caçar, construir abrigos, cavalgar, encontrar água, buscar aventuras e se libertar.

Ela não vai se importar se você apontar o atame e pedir para ver sua verdadeira forma, para garantir que ela seja a verdadeira Deusa Donzela, e não alguma paródia sentimental ou algum estereótipo adolescente. Na verdade, se não fizer isso, ela vai achar que você é uma tola! Quando estiver certa de que ela é quem aparenta ser, pode fazer perguntas sobre qualquer coisa que ela despertar em você. Pergunte, por exemplo, qual a melhor forma de proteger sua integridade. E pergunte o que ela gostaria que fizesse para que a pureza de intenções e a liberdade dela encontrem expressão em sua vida. Agradeça-lhe pelo tempo que passaram juntas e pergunte se você pode ver a Mãe agora.

A Donzela a levará mais adiante na costa, a um lugar onde a Mãe estará sentada sobre uma rocha, olhando para o mar. Não se esqueça de se certificar de que ela seja realmente a Deusa. Ela estará vestida de modo simples e pode estar usando vermelho (ou não). Não existem regras para isso. Talvez ela esteja usando azul ou verde. Isso depende da maneira como o seu espírito está sintonizado. Que cor ela veste para você?

A Mãe é o poder de amar e de criar a vida e ela não tem limites. Profundamente sexual, ela é repleta de erotismo e sua experiência da paixão sexual une a realização física e a espiritual em êxtase. Sua forma de cuidar das crianças representa um fluxo não sentimental de profundo cuidado. Não há nada artificial ou elaborado nela e seu amor tem um aspecto impessoal e desapegado. Ao mesmo tempo, ele é completamente pessoal. Assim, ela é uma epifania e pode dar à luz os mundos. A Mãe criou você e ainda te nutre. Pergunte a ela o que quiser. E, por fim, pergunte o que ela quer de você, para que o poder dela de dar à vida e de criar em meio à realização profunda encontrem expressão em você. Então agradeça-lhe pelo tempo que passaram juntas e pergunte se pode ver a Anciã.

A Mãe te apontará os penhascos. Lá, sobre a areia, a Anciã acendeu uma fogueira com os pedaços de madeira trazidos pelo mar. Você a vê andando pela praia à procura de combustível. Ela também recolhe conchas, algas marinhas e pedras para usar em feitiços. A Anciã pode estar usando preto (ou não, como eu já disse antes). Quando ela te vir, voltará para perto do fogo. Você deve cumprimentá-la prontamente. Não se esqueça de desafiá-la como fez com a Donzela e a Mãe. Certifique-se de que ela seja a Anciã, a Velha Bruxa Sábia. Pode ser que ela te mostre o que encontrou na praia. Ela é sábia e detém o conhecimento da cura para todos os males. A Anciã também tem o poder de pôr um fim às situações, sendo temida porque nem sempre gostamos de abrir mão das coisas. Mas quando a Bruxa Sábia nos tira algo, ela abre o caminho para nosso crescimento. Ela é excelente em esclarecer o que está confuso e assim abrir espaço para uma decisão, uma escolha lúcida. Sabedoria é o seu nome. Ela é, por extensão, uma ótima professora, sendo também criadora de feitiços.

Pergunte à Anciã qualquer coisa que deseje saber. Depois pergunte o que ela espera de você, para que a sabedoria e a compreensão dela possam se expressar em sua vida. Agradeça-lhe e peça sua bênção. Em seguida, deixe a praia, acompanhada de seu familiar.

Volte à caverna onde deixou a vela. Pegue-a e suba pela passagem sinuosa na rocha até a caverna no topo, da qual você sairá por onde entrou. De lá, volte pela floresta até a clareira. Agradeça ao seu familiar e retorne para a esfera azul. Agradeça a todos os Espíritos Guardiões e faça seus pedidos usuais por proteção e orientação, enquanto volta para o mundo cotidiano da consciência desperta. Reduza e condense a esfera azul com bordas douradas ao seu redor.

É importante voltar do transe lentamente, da mesma forma como entrou nele. Se não fizer isso, você vai deixar os sentidos psíquicos abertos e se sentirá desajeitada e muito desconfortável. Se algum dia seu transe for interrompido, é importante sentar-se sozinha novamente o quanto antes. Faça a purificação dos cinco elementos para se sentir reequilibrada e centrada. Depois volte ao ponto onde parou e emerja do transe lentamente. Sele sua aura reduzindo e condensando a esfera de luz azul com bordas douradas.

Agora, você já viu as três faces da Deusa. Sendo uma mulher, você se identifica com ela. Se você fosse homem, ainda poderia fazer as mesmas perguntas a ela, se quisesse, pois poderia reconhecê-la como seu lado feminino. Não poderia jamais, porém, corporificá-la completamente. E assim você a abordaria na condição de Outrem, o outro lado da polaridade. Como eu disse antes, isso se aplica independentemente de nossa orientação sexual ou identificação de gênero. Como homem, suas experiências com ela seriam muito diferentes das de uma mulher. Do mesmo modo e pela mesma razão, sua percepção do Deus Cornífero enquanto Outrem significa que suas experiências com ele são muito diferentes das de um homem.

Na próxima carta, descreverei um transe no qual você encontra o Deus Cornífero como jovem Caçador e como Sábio Ancião. Imagino que a palavra "caçador" faça você se encolher e rejeitar qualquer ligação dela com algo divino. E faz sentido, se pensarmos na caça moderna a raposas ou cervos. Mas não é esse o significado por trás da palavra. Essas práticas se afastam da verdadeira expressão do Deus Cornífero. Ambos os aspectos do Deus são mais difíceis de serem compreendidos pela maioria das mulheres do que as faces da Deusa. Em uma sociedade patriarcal, ele também pode ser difícil de entender para a maioria dos homens. Isso porque muitas das imagens de deuses e qualidades divinas que existem por aí são distorções dele. Como bruxas do presente, acredito que nosso entendimento do Deus ainda deixa a desejar, se comparado à nossa compreensão da Deusa. Ela precisava vir primeiro, após milhares de anos de repressão a todos os cultos à Deusa. Ainda assim, o fato de os deuses masculinos terem sido e ainda serem cultuados nas principais sociedades do mundo faz com que seja muito mais difícil recuperar e recriar nossa imagem do Deus Cornífero.

Cada vez que o encontra em transe, você ajuda a trazê-lo de volta, o verdadeiro Pai de todas as formas de vida. Também é assim com a Deusa. Cada vez que a encontra ou a invoca em transe, você ajuda a trazer de volta seu culto e seu mundo pagão.

Abençoada seja,
Rae

Ladywell
Hillsbury
30 de março de 1988

Querida Tessa,

Deixe-me continuar. Sem dúvida, é mais difícil perceber o Deus Cornífero no transe, pois nós, enquanto mulheres, confiamos menos em nós mesmas para entendê-lo — e, talvez, confiemos menos nele também. Em nossa cultura, as imagens da masculinidade estão tão associadas à violência e ao autoritarismo que é difícil confiar. O deus cristão, por exemplo, é propenso a torturar os pecadores no fogo do inferno por toda a eternidade. Até os deuses pagãos, desde os tempos patriarcais, envolveram-se perpetuamente em carnificina no papel de deuses da guerra, dando carta branca a estupradores e saqueadores. Para falar a verdade, algumas deusas pagãs da mesma época também eram divindades da guerra. Mas poucas pessoas sabem disso, então esse fator tem um impacto menor. Conseguimos ignorá-lo com mais facilidade e invocar um ser muito mais antigo, a Mãe de todas as formas de vida, a Deusa Tríplice do Círculo do Renascimento.

Vamos imaginar uma viagem ao passado pré-patriarcal, até a deidade masculina do início dos tempos. Podemos então perguntar: O que era o Deus Cornífero no tempo em que as guerras não existiam? Podemos acreditar que esse Deus está aqui agora? Ele esteve ausente do mundo por tanto tempo, banido. Podemos trazê-lo de volta agora? Podemos invocar seu retorno? Presumindo que ele seja diferente de todos os deuses patriarcais dos quais já ouvimos falar, podemos considerá-lo relevante? Esta não é, afinal de contas, a Era de Ouro, mas sim o século xx, próximo demais de se tornar a Era do Plutônio ou do Urânio.

Quem é esse Deus Cornífero, afinal? Como bruxa, meu único conselho é que você deve descobrir por si mesma e ter a coragem das convicções da Deusa, pois ele é o parceiro dela e o Pai de todas as formas de vida. A palavra "pai" também é traiçoeira. Você precisará esquecer todas as conotações patriarcais associadas a ela, como a de "chefe de família". Ela simplesmente quer dizer "progenitor", com tudo que isso implica. É uma palavra que representa a paixão e a dança da vida: o desejo. Ela também indica um ser masculino que nutre e educa seus filhos. Podemos ver isso na natureza. Os cavalos-marinhos machos *dão à luz* seus bebês e os leões machos cuidam dos mais jovens. Os padrões e possibilidades da paternidade são muito diversas no mundo natural.

Mais uma vez, você deve visualizar a esfera azul, pedir a proteção dos Espíritos Guardiões e sentir a grama sob seus pés, bem como ver árvores ao seu redor.

Invoque seu familiar e diga a ele que deseja encontrar e falar com o Deus Cornífero. Não se esqueça de verificar a verdadeira natureza de seu familiar. Peça a ele para acompanhá-la e guiá-la e, em seguida, deixem a clareira. Como da última vez, caminhe pela floresta até a caverna. Se você se perder ou tiver algum problema, peça a ajuda de seu familiar. Como antes, entrará na caverna por uma fenda entre duas rochas e a vela estará lá, esperando você. Pegue-a e desça pela passagem sinuosa na rocha que fica no fim da caverna. Continue descendo cada vez mais. De novo, chegará a uma paisagem linda e tranquila. Deixe a vela na caverna inferior.

Desta vez, você não irá em direção ao mar, pois seu familiar te levará a outro lugar mais afastado da costa. É uma terra selvagem e bela. Há planaltos de calcário e cinturões de árvores. Com exceção das partes mais altas, a região é coberta de floresta densa. Ao atravessar a mata fechada, você chega a uma encosta e começa a escalá-la. Quando alcança o topo, tem uma vista ampla do lugar. Sob seus pés estão formações de calcário, pedras sílex pretas e a grama densa. Você consegue ver que está de pé no topo de uma longa cadeia de montanhas. Esse também é um local sagrado.

Agora, peça para ver o Deus do Dia, o jovem Caçador. Ele vem a passos largos pela cordilheira, um homem alto usando vestes feitas de peles de animais e lã rústica. Na cabeça, ele usa os chifres de um grande cervo.

Pode ser que ele sorria para você, achando graça, já que esse Deus é um tremendo brincalhão. Confira se ele é o verdadeiro Deus do Dia, o jovem Deus Cornífero. De repente, ele se senta, indicando que você deve se sentar também. Ele é magro e flexível, dando a sensação de que poderia correr mais rápido que o vento, além de ser muito forte. O Deus do Dia pergunta se você gostaria de ouvi-lo cantar. Essa é uma pergunta que ele normalmente faz. Você não pediu a ajuda dele, não está com fome nem assustada? Então a vida é para curtir. Você gostaria de ouvir uma canção ou uma história? Ou talvez prefira dançar? Escolha esta última e você dançará loucamente com o Deus Cornífero no topo de uma colina, ao som do Deus cantarolando em tom grave. É uma dança maluca e esquisita, que ora parece uma dança tradicional irlandesa, ora uma improvisação. E agora a impressão é de que seu sangue dança, assim como as colinas distantes e todas as árvores, enquanto o Deus Cornífero te faz girar mais rápido e começa a rir. Você quase consegue cavalgar com o vento. É como se tivesse os pés na terra e a cabeça nas estrelas distantes. A vida jorra de você, e você a descarrega de volta à terra: você conduz a vida.

Será que um bruxo dançaria assim com o Deus Cornífero, ou isso é uma exclusividade sua, sacerdotisa da Deusa, uma mulher? Não sei. Vou perguntar ao Cole, mas não vejo por que não. No entanto, acredito que seja mais provável que, no primeiro encontro, um homem apenas pedisse ao Deus para despertar nele o poder da dança da vida. Assim como você pediu à Deusa que despertasse o poder dela em você. Talvez seja a Deusa Donzela quem faça o bruxo girar, dançando loucamente na praia deserta enquanto as ondas quebram, o vento corre e a névoa salina deixa tudo prateado.

Quando a dança acaba, você se senta com um baque. Você está relaxada agora. Pergunte o que quiser ao jovem caçador dançarino, o Deus Cornífero. Se quiser, pergunte por que ele é um caçador. Ele provavelmente dirá que caça para viver, e não por diversão, tomando apenas o necessário para sua sobrevivência; que ele é a presa também e que a própria existência está conectada à das criaturas que caça. Ele também é o cervo acuado, derrubado e morto. Esse é um mistério que nos diz muito sobre o Deus e sobre nós mesmas, a depender de como reagimos a ele. É algo além da lógica: seu significado só pode ser sentido lá no fundo, dentro de nós mesmas, e não materializado.

Lembre-se de que esse Deus é o Senhor da Morte, bem como o Senhor da Vida. A morte é uma parte da vida. Ele é tão afiado quanto as pedras sílex sob seus pés e tão suave quanto as pedras gredas. O sílex usado na ponta das flechas e a greda que se transforma em giz para desenhar. Pois o artista que desenha com giz na calçada de uma cidade também pode expressar o Deus Cornífero. O Deus brincalhão e criativo, o Deus que desafia e o Deus que sobrevive.

Depois de ter perguntado tudo que queria saber, pergunte também como você pode expressar e defender os princípios vitais de alegria selvagem e honestidade, sendo fiel aos seus instintos; refiro-me aos instintos reais, em oposição às nossas respostas falsas e condicionadas; falo dos instintos que são a favor da vida e a defendem.

Agradeça-lhe e diga que gostaria de ver o Sábio Ancião, seu outro aspecto. Ele apontará o caminho para descer da colina e adentrar a floresta. Lá, você verá o Sábio Ancião vindo em sua direção. Talvez haja folhas em sua barba emaranhada e é possível que o veja como um velho excêntrico e um astrólogo sábio ao mesmo tempo. Ele ainda tem os chifres na cabeça e traz um manto de lã grosseira em volta do corpo. Esse não é um mago da corte, mas um xamã. O Sábio Ancião pode deixar o próprio corpo quando quiser e coletar o conhecimento que está escondido nas raízes das árvores, no uivo dos cães para a lua ou na dança das lebres da primavera. Ele detém o poder das chamas de uma vela na ponta dos dedos, que brilham em tons de dourado e vermelho conforme mistura as ervas. Suas habilidades de cura têm o poder de todos os elementos, e ele também é o guia nos planos pós-morte, pois já esteve lá. Em vida, o Sábio Ancião é a habilidade nos mistérios. Após a vida, ele é o guia ancião e nos traz o entendimento.

Após se certificar de que esse seja o verdadeiro Deus da Noite através do processo padrão de checagem, siga-o floresta adentro. Você verá um abrigo rústico, feito de madeira, barro e musgo. Ele a convidará para entrar (o que você vê lá?). Depois ele acenderá uma vela. Não que antes estivesse escuro, mas agora o abrigo está mais iluminado onde a luz da vela alcança, parecendo misterioso e sombrio além dela. O Velho Sábio é quieto, mas sua presença não é austera. Em seguida, ele pergunta sobre qual criatura você gostaria de aprender. Uma pergunta estranha. Se não tiver ideia de como respondê-la, é melhor dizer: "Sobre aquela que eu preciso aprender mais".

Ele toca sua testa. De imediato, você se torna uma raposa, um texugo, um gato, uma galinha, uma coruja, uma cabra ou qualquer outro animal que tenha escolhido ou sobre o qual você precise aprender mais. Não demora para a transformação terminar e você trocar completamente de forma. Ele a leva para fora e fica ao seu lado enquanto você explora a floresta. Se for um pássaro, você ascende aos céus. Não é necessário temer porque ele te protege. Talvez ele te ajude a trocar de forma mais de uma vez. Você pode virar um peixe e nadar em um rio corredíço, ser uma águia, uma lontra, uma corça ou mesmo uma borboleta. De alguma forma, o Velho Sábio está sempre por perto. Ele pode falar com você de dentro de uma árvore ou estar em uma rajada de vento.

Por fim, vocês voltam à cabana e ele toca sua testa pela última vez. Você recebe sua forma humana de novo, a de uma mulher. A vela já diminuiu bastante de tamanho. O Velho Sábio te olha calmamente e espera por suas perguntas. É possível que um pássaro tenha te ensinado a arte de voar; ou um animal tenha mostrado como se esconder, ou uma cobra tenha te ensinado a trocar de pele. Peça para ele te explicar os mistérios dos pássaros e dos animais. Pergunte o que quiser. Por fim, pergunte como você pode expressar essas habilidades mágicas e essa compreensão em sua vida cotidiana.

Pode ser que ele te faça uma pergunta. Você deve respondê-la da maneira mais honesta e verdadeira que puder.

Os bruxos talvez tenham essa experiência não com o Sábio Ancião, mas com a Bruxa Sábia, a Anciã que cria os feitiços. Aqui, acredito que eles apenas fariam perguntas e pediriam ao Velho Sábio para despertar neles a sensibilidade para os mistérios, aqueles que abrangem o prazer de praticar magia e a busca pela verdadeira sabedoria.

Agradeça ao Velho Sábio e peça sua bênção. Você deve voltar à caverna onde deixou a vela. Peça ao seu familiar para te mostrar o caminho. Volte pela passagem na rocha até a caverna superior, onde você deve deixar a vela mais uma vez. Em seguida, retorne à clareira.

Agradeça ao seu familiar. Volte para a esfera azul e depois agradeça aos Espíritos Guardiões. Reduza e condense a esfera azul contornada de dourado ao seu redor. Quando estiver pronta, levante-se.

Você pode estar se perguntando o que acontece quando um bruxo encontra a Deusa Mãe. Acho que ela deve pedir a ele para acompanhá-la no caminhar sobre as ondas. Não sei o que acontece a seguir, mas creio que tem a ver com a confiança e a interdependência de todas as formas de vida. Acredito que talvez o bruxo aprenda a lição da baleia ou do golfinho, que são mamíferos cuja inteligência pode ser tão aguçada quanto a nossa, e cuja sabedoria é com certeza maior. Quem sabe ele tenha de nadar debaixo d'água.

Agora, você já encontrou a Deusa e o Deus em transe. Não cometa o erro de acreditar que há três Deusas e dois Deuses. Você já foi uma mocinha, agora é mãe e será uma mulher velha um dia. Isso não significa que haja três Tessas. Assim é com a Deusa e o Deus: há uma Deusa e um Deus, mas eles têm mais de um aspecto.

Parece-me que só podemos entendê-los na relação que têm um com o outro. Afinal, o que significaria ser mulher em um mundo habitado só por mulheres? A palavra perderia o significado. Do mesmo modo, em um mundo só de homens, alguém seria macho em relação a quê? É claro que eu não quero insinuar que os sexos devam ser estritamente definidos pelos papéis que assumem. Quando a Deusa veste calças e desentope um cano, ela continua sendo uma mulher.

Não se esqueça de me contar como está progredindo na prática do transe. Vou enviar essas quatro cartas de uma vez só. Estou ansiosa para saber notícias suas. Espero que seu equinócio de primavera e seu ritual de Ostara tenham sido bons.

Abençoada seja,
Rae

Ladywell
Hillsbury
27 de abril de 1988

Querida Tessa,

A essa altura, já te dei as instruções básicas. Existem muitas outras maneiras de entrar em transe além dessa que eu descrevi para você. Também há muitos outros estilos de abordagem e lugares astrais para visitar, mas todos seguem a mesma cartilha. Lembre-se desse processo e você terá liberdade em todos os planos interiores. Primeiro, invoque proteção e depois visualize-se em um lugar pacífico, como a clareira na floresta. Faça uma purificação dos cinco elementos, se sentir que precisa. Centralize-se e declare quem você é, a natureza de seu espírito e sua conexão com todas as formas de vida. Em seguida, invoque seu familiar e explique por que entrou em transe. Pode ser que você esteja precisando de orientação, de cura, de autoafirmação ou queira fazer alguma magia de banimento ou invocação. Fale sobre isso e dê a ele mais detalhes. Se estiver com um problema complexo, descreva-o em totalidade. Não tente encontrar as soluções. Apenas peça ao seu guia que te leve à entidade mais indicada para te ajudar. Pode ser a Deusa Donzela, Mãe ou Anciã, o Deus do Dia ou o Deus da Noite. Pode ser ainda um Espírito Guardião ou então algum ser arquetípico com quem você nunca se encontrou. Sempre confira a autenticidade de seu familiar e de qualquer outra divindade ou criatura.

Em algumas questões, seu próprio familiar poderá te ajudar. Algumas vezes você nem precisará perguntar ao familiar a quem recorrer. Talvez seja época de lua minguante e você esteja ansiosa com relação à evolução de seu conhecimento e compreensão do universo da magia. Nesse caso, saberá que é a Anciã quem pode te ajudar.

Depois de explicar seu problema, deixe-se guiar no transe. Pode ser que você receba uma poção de cura ou transformação, que te peçam para tomar banho em uma lagoa ou rio, ou vestir ou tirar certas peças de roupa ou joias. Isso se deve à ressonância psíquica das entidades, à sua afinidade com certas formas de ser. Por exemplo, vestir um robe marrom pode significar um compromisso com atividades práticas relacionadas à terra ou algum trabalho com animais. Uma coroa é um indício de que estão te oferecendo algum tipo de sucesso na vida. Mas assegure-se de conhecer o preço disso. Certifique-se de saber o verdadeiro significado de tudo que receber.

Eles também podem te mostrar uma visão, pedir que você faça uma escolha ou te orientar a mudar alguma coisa em sua vida. Tudo pode acontecer.

Quando seu problema for resolvido — e, se não for, continue fazendo perguntas até que ele seja — agradeça a ajuda e tome o mesmo caminho por onde veio, passando por todos os lugares que visitou para chegar.

Agradeça ao seu familiar e aos Espíritos Guardiões. Sele sua aura condensando a luz azul com bordas douradas ao seu redor.

Seguindo esse processo, você pode entrar em transe a qualquer hora e por qualquer motivo. Nenhuma pergunta é banal demais para ser feita. Se alguma coisa te incomoda, então ela *é* importante. Tampouco há perguntas abrangentes demais ou muito metafísicas. Uma vez que perceba isso, é possível que, como muitas outras iniciantes, você fique um tanto viciada no estado de transe. Isso não tem importância, pois com o tempo as coisas se acalmam naturalmente. Enquanto isso, você deve ter cuidado para não esgotar sua própria energia etérea. O transe pode ocasionar isso. Restaure-a com boa alimentação, exercícios físicos e contato com a natureza (jardinagem, caminhadas ou só se deitando no chão quando o clima estiver quente). Se não fizer isso, você pode se sentir meio deslocada e instável. Além disso, se sentirá cansada mais facilmente e estará mais vulnerável a infecções.

Com o tempo, você saberá quando um transe é necessário e quando não é. Então ele terá o lugar dele em sua vida. Não é preciso se preocupar demais com o esgotamento de suas energias. A energia etérea só é afetada gravemente se você tiver experiências de transe prolongado dia após dia, por semanas. E, mesmo nesse caso, só se você não tomar as precauções básicas para manter uma boa saúde. O exercício físico é importantíssimo, pois ele contrabalanceia o tempo que ficamos paradas em transe. Talvez não sinta vontade, mas, se estiver se sentindo esgotada, pratique exercícios físicos.

Vá aonde quiser no transe, seja uma exploradora. Esses caminhos pelos quais eu te trouxe não devem te prender em uma rotina astral fixa. Eles são feitos para te munir de uma base segura e de caminhos conhecidos. Tais caminhos também te treinarão nas habilidades que permitem encontrar seu próprio rumo.

Você disse que achava difícil se lembrar da ordem dos acontecimentos em um transe longo. Tente memorizar pontos-chave antes de entrar no transe. Para um encontro com a Deusa, esses pontos podem ser:

1. Invocar proteção. Ir até a clareira na floresta.
2. Invocar seu familiar (como sempre).
3. Caverna, passagem, caverna mais baixa, mar.
4. Donzela — pureza (integridade e liberdade)
5. Mãe — amor
6. Anciã — sabedoria
7. Voltar à clareira. Agradecer ao familiar.
8. Voltar à esfera azul. Agradecer aos Espíritos Guardiões.
9. Selar a aura (como sempre).

Se ainda não conseguir se lembrar de tudo isso na hora, você pode fazer três transes separados, um para cada face da Deusa (Virgem, Mãe e Anciã). Mas, acima de tudo, eu diria para não se preocupar se esquecer o que deveria vir a seguir. Pergunte ao seu familiar o que ele gostaria que você fizesse em seguida e faça. Muita preocupação com "fazer do jeito certo" impedirá um fluxo tranquilo de imagens no transe. Além do mais, não tem como errar. Assim como nos sonhos, o que quer que aconteça será o certo para você. Apenas lembre-se de invocar a proteção dos Espíritos Guardiões e de desafiar ou conferir a natureza de qualquer criatura que encontrar, assim como de qualquer alimento, bebida, roupa ou item que alguém te oferecer. Você não precisa se lembrar de mais nada. Se conseguir memorizar a sequência para um transe longo, ótimo. Se não, está tudo bem também. Depois me diga se essa explicação foi útil.

Aqui estão algumas ideias do que fazer durante o transe:
1. Encontrar o propósito de vida. Faça a pergunta: "Nessa encarnação, estou aqui para aprender, fazer ou me tornar o quê?".
2. Cuidar da saúde. Buscar orientação, passar por uma transformação, visualizar-se saudável.
3. Limpeza e reequilíbrio psíquico. Você pode ter estado em contato com a aura de uma pessoa ou de um lugar mais bem descrito como deturpado ou corrompido.
4. Invocar o amor.
5. Curar outras pessoas.
6. Descobrir sua verdadeira essência: aquele eu que transcende as circunstâncias e que levamos de uma vida para a outra.
7. Compreender os ciclos maiores de todas as formas de vida.
8. Comungar com a natureza, sentir-se em unidade com a vida e com toda a criação.
9. Promover a cura psíquica do ambiente: banir os problemas, visualizar uma harmonia ecológica entre os seres humanos e toda a natureza. Visualizar os meios e caminhos para isso: tecnologias leves, baixo consumo, agricultura orgânica etc. Coloque tudo nas mãos da Deusa e do Deus. Invocar a ajuda deles para curar a Terra. Visualizar as muitas rotas para a realização de todas as pessoas diferentes nesse novo mundo ecologicamente harmonioso. A música e a medicina, a arte e o esporte, a magia e o amor, o artesanato e a poesia. Mergulhar, visitar cavernas e escalar montanhas. A pesquisa científica pelo bem da compreensão, e não pela exploração da natureza. A educação pela educação e assim por diante. Um mundo em que a aventura e a realização sejam possíveis para todos, de maneira não predatória. Este último exemplo é dos grandes, mais indicado quando você já tiver alguma experiência.

Aqui vai um exemplo de transe simples que funciona como uma espécie de feitiço. É um transe curativo e pode ser feito a qualquer hora, para qualquer pessoa.

Siga o procedimento normal para induzir o transe. Lance a esfera azul, invoque proteção, visualize-se na clareira e invoque seu familiar. Explique que alguém (um amigo, parceiro, filho ou quem quer que seja) precisa se curar. Peça para ser levada à nascente da Deusa, às suas águas curativas que fluem constantemente.

Seu familiar te conduzirá para dentro da caverna e pela passagem que leva à paisagem interior. Lá, você será guiada por um longo caminho que se afasta da costa até uma nascente localizada ao pé de uma pequena colina. Há várias árvores em volta da nascente e sua folhagem está no auge. O som da água corrente te acalma e te renova. Esse é um lugar tranquilo. Você consegue ouvir o canto dos pássaros e o vento nas árvores. A nascente alimenta um pequeno lago e um riacho de águas transparentes.

Essas águas são sempre renovadas. Por milhares de anos, a chuva caiu sobre a terra, penetrando o solo e as camadas de rocha, acumulando-se debaixo da terra antes brotar na superfície, formando essa nascente sagrada. O processo todo leva milhares de anos e o ciclo nunca é interrompido, a nascente nunca seca. Tudo é constantemente renovado, assim como você deseja que a saúde da pessoa em questão seja renovada, pelos poderes da Deusa e por suas águas curativas.

Peça para a Deusa te enviar uma mensagem ou alguma orientação sobre a saúde da pessoa. De que ele ou ela precisa? Pode ser que você ouça algo no murmúrio da água ou perceba alguma visão no pequeno lago. Essa orientação pode ter relação com uma mudança que a pessoa precisa fazer em seu estilo de vida, um padrão de exercícios, uma dieta ou medicamentos que ela deva tomar. Se for uma doença leve, você pode sugerir à pessoa que siga essa prescrição. Porém, em se tratando de uma doença séria e caso já exista um tratamento em curso com um médico ou terapeuta, a sugestão que você trouxer do transe deve sempre ser mencionada ao profissional, para que seja confirmada. Não há necessidade de dizer que a recomendação veio de um transe. A pessoa pode, por exemplo, perguntar ao médico: "E se eu bebesse mais líquido? Ou tomasse vitamina B12? Ou experimentasse um unguento de confrei?".

Agora, peça ao seu familiar que te traga um cálice. Ele desaparecerá e voltará quase instantaneamente com o que você pediu. Confira a autenticidade de seu familiar e do cálice. É em momentos assim que o contato verdadeiro pode se perder. Encha o cálice com a água da nascente. Em seguida, agradeça à Deusa pelas orientações. Traga o cálice com você e passe pela caverna, pela passagem da caverna superior, até chegar à clareira.

Depois, pense na pessoa para quem está buscando a cura. Você a verá. Ela estará de pé na clareira quando a chamar. Pergunte se ela aceita ser curada. Lembre-se de que, se estiver em um transe suficientemente profundo, você conseguirá perceber por meio da visualização o estado mental *verdadeiro* da pessoa e seus sentimentos *reais*. Sua imaginação é o meio pelo qual essas e quaisquer outras informações são transmitidas de sua mente inconsciente ou alma profunda, que tudo sabe, para sua mente consciente.

Se por alguma força do destino a cura não for possível, dispense a pessoa com amor, pois você não pode ajudá-la. Nesse caso, respingue as águas curativas na clareira, oferecendo-as à Terra. Em seguida, converse com seu familiar sobre seus sentimentos. Você sente tristeza? Frustração? Peça um conselho para lidar com eles. É pouco provável que você receba uma resposta sofisticada, mas isso não significa que o conselho não deva ser seguido.

Na maioria das vezes, a pessoa aceitará a cura de bom grado. Aponte o atame para o cálice. Peça que a verdadeira natureza da água seja mostrada à pessoa. Ela emitirá um brilho luminoso. Ofereça o cálice à pessoa dizendo: "*Estas são as águas sagradas e curativas da renovação. Este presente não é meu, mas da Deusa, de quem elas vieram. Quando delas beber, que você seja restaurado e sua saúde, renovada*".

Quando a pessoa terminar de beber, despeça-se dela. Pergunte ao seu familiar se mais alguma coisa importante precisa ser feita. Se não for o caso, peça a ele que leve o cálice de volta e diga adeus, agradecendo por tudo. Volte à esfera azul, agradeça aos Espíritos Guardiões e retorne ao seu estado consciente. Levante-se devagar.

Mais tarde, quando encontrar a pessoa doente, você pode repassar quaisquer detalhes sobre a dieta, o estilo de vida ou outras informações que tenha recebido no transe.

Abençoada seja,
Rae

Ladywell
Hillsbury
5 de maio de 1988

Querida Tessa,

Minha carta anterior me levou a pensar em ética. Até onde podemos ir no transe quando o assunto diz respeito à vida de outras pessoas?

Esse é um tema que exige honestidade total e todo o cuidado do mundo. Feita essa constatação séria e cheia de implicações, acrescento que existe um lado engraçado no transe que envolve outros seres encarnados. Por exemplo, quando nossa cachorrinha late à noite porque ouviu um gato, o Cole com frequência se projeta psiquicamente descendo as escadas e dando uma bronca nela. Ele apenas visualiza que está diante da caminha dela, gritando algo como "Quietinha, Happy!", e funciona. Ela fica quieta toda vez. Nós nos divertimos muito com isso, porque imaginamos a confusão dela ao ver o Cole fazendo uma aparição tão rápida. Os cães são muito psíquicos: ela provavelmente consegue vê-lo e com certeza sente a presença dele.

No entanto, o mesmo recurso poderia ser usado para o bem ou para o mal em pessoas. Mensagens de amor, conforto ou apoio, ou pedidos de contato são todas possibilidades benéficas. Também não tem problema em dizer com firmeza o seu ponto de vista para se fazer entender. Isso também serve para quando expressamos com franqueza nossos sentimentos em meio à coação, algo como um "Me deixe em paz!". Mas o que dizer sobre implantar pensamentos ou dar ordens a alguém, porque você resolveu que isso é para o bem daquela pessoa? Ou porque você acredita que poderia se beneficiar do controle sobre as ações dela? Para ser sincera, isso se compara à magia das trevas. Implantar uma sugestão ou um pensamento na mente de alguém na intenção de fazer a pessoa achar que aquilo veio da cabeça dela é o equivalente psíquico das mensagens subliminares. Também é o equivalente psíquico da coerção, quando visualizamos uma pessoa tomando certas medidas ou fazendo certas mudanças que nós acreditamos serem benéficas, mas sobre as quais nunca conversamos abertamente com ela. O mesmo vale para quando a pessoa não nos deu nenhum indício de que desejava aquela mudança.

Devo acrescentar que conversei com muitas pessoas ao longo dos anos sobre o psiquismo. Acredite, técnicas "subliminares" e coercitivas são usadas com muita frequência e em todo tipo de situação. Nenhuma das pessoas que afirmou ter usado essas técnicas era de fato uma bruxa ou ocultista de qualquer natureza. Esse é um dos motivos pelos quais acredito que deveríamos conversar mais abertamente sobre as habilidades psíquicas. Hoje, uma bruxa ou qualquer pessoa com conhecimento e experiência verdadeiros no ramo psíquico conhece o mal que uma prática como essa pode causar (e saberá também que ela pode ricochetear em quem a utilizou), mas uma pessoa comum não terá essa noção. Do mesmo modo, geralmente não percebe quando fizeram isso com ela. Uma bruxa, por outro lado, perceberá quando isso acontecer e saberá como cortar os seus efeitos. Acredito que muito sofrimento poderia ser evitado se essas coisas fossem desmistificadas e identificadas, se nosso conhecimento pudesse ser compartilhado. Afinal, não precisamos de nada além da consciência de que esse tipo de coisa pode acontecer, assim como também acontece de manipularmos e ridicularizarmos as pessoas verbalmente. E a mesma resposta é apropriada para ambos os casos: o desafio e o repúdio. Não creio que essa consciência deva nos levar a ficar na defensiva ou paranoicas; ao menos não mais do que já ficamos por saber que não podemos confiar em algumas pessoas em nossas relações sociais cotidianas. Nem todo mundo é confiável. Essa é a verdade, nua e crua. Porém, você faz bem em se preparar para o que der e vier. O mesmo vale para a inter-relação psíquica constante e contínua entre as pessoas.

Se existem regras, uma delas é: nunca projete um pensamento para alguém sem se identificar psiquicamente. Você pode aparecer diante das pessoas em transe ou projetar uma mensagem em pensamento. Assim, a psique delas conseguirá identificá-la como a fonte daquele pensamento. Outra regra geral é que você jamais deve dizer ou fazer alguma coisa em transe que não esteja preparada para dizer ou fazer fisicamente. Por que não pegar o telefone ou visitar a pessoa? Na maioria das vezes, é isso que deve fazer. Existem exceções e você com certeza as encontrará pela frente. Por exemplo, a outra pessoa pode estar doente ou sem acesso a um telefone; ela pode não estar convencida de seus argumentos em uma conversa real, ou precisar de um apoio tanto no nível físico quanto psíquico.

Não se esqueça dos processos de segurança psíquica quando enviar mensagens. Cerque-se da esfera azul, invoque a proteção dos Espíritos Guardiões e projete em direção à outra pessoa ou chame-a até você. Só então diga o que precisa dizer. Volte e agradeça aos Espíritos Guardiões. Em seguida, condense a luz azul com contorno dourado em volta do seu corpo.

Como você já deve ter adivinhado, essa técnica de sugestão psíquica é muito usada na sedução e por pessoas que não sabem nada (conscientemente) sobre magia. Se algum dia suspeitar que alguém em quem não está interessada esteja fazendo isso, você pode dizer com firmeza à pessoa, em transe, que não quer saber. Se ela ainda assim insistir, pode cortar todos os laços psíquicos entre vocês. Use seu atame para exigir que os fios que ligam você àquela pessoa (que podem ser alguma obrigação social, intimidação, pena, confusão ou algo de natureza financeira) fiquem visíveis. Em seguida, corte-os com o atame. Isso geralmente encerra todo o contato físico e toda a relação psíquica, mas é muito raro precisarmos tomar medidas tão extremas.

Estou falando de usar a manipulação psíquica para obter a submissão de outra pessoa. Não estou me referindo a mentalizar espontaneamente a pessoa amada ou a fazer uma projeção espontânea de seus sentimentos em direção a ela. Essas coisas são naturais quando estamos apaixonadas. Mas uma coisa é declarar seu amor e desejo psiquicamente, outra é pressionar ou se intrometer de modo deliberado em um relacionamento. Imagino que se possa dizer que muito disso depende do fato de a pessoa ter bons modos psíquicos ou não. Na verdade, falamos de algo bem parecido com os bons modos na vida em geral. Quanto mais experiência você tiver como bruxa, mais perceberá quem ao seu redor os tem ou não.

Não sei se tem alguém apaixonado por você, Tessa, mas sei que gostaria de estar amando alguém. Você me perguntou sobre um "transe do amor", para aumentar suas chances de encontrar uma pessoa com quem possa ser feliz. Aqui vai um jeito de fazê-lo.

Após entrar normalmente em transe, invoque seu familiar e peça a ele para levá-la até a Anciã. Você descerá pela caverna e pela passagem, andando pela praia até onde a viu da última vez.

Pergunte a ela: "*O que posso fazer para encontrar o parceiro certo para mim, aquele que poderei amar de verdade e que me amará de volta, para o benefício de ambas as nossas vidas?*".

A Anciã poderá remover certas conexões que te prendiam a um relacionamento antigo, assim como qualquer nó que esteja obstruindo a possibilidade de um novo amor. Pode ser que ela peça para você mudar algumas coisas em sua vida, sugerindo que abandone um velho padrão.

Você acha estranho perguntar sobre o amor à Anciã Sábia? Mas quem senão ela tem mais experiência? E quem gosta mais de unir os casais? Escute com atenção tudo que a Anciã Sábia tem a dizer, qualquer conselho sobre lugares para visitar ou novos compromissos a serem assumidos.

Logo em seguida, ela te apontará o caminho para a Donzela, que sem dúvida fará perguntas sobre o que você espera de um relacionamento. O que te agrada? Quais são suas necessidades reais? O que você pode oferecer? A Anciã é como uma avó que já viu de tudo. Mas a Donzela é como uma amiga ou irmã jovem, sábia e solidária. Ela fará algumas perguntas perspicazes, pois deseja proteger sua integridade e garantir que o relacionamento não ameace a liberdade básica individual de ser você mesma. Ela só dará sua bênção se esse critério for atendido.

Depois a Mãe fará outro tipo de pergunta. A que você dedicará a força criativa, a força vital de seu amor? Você deseja que essa união gere um filho, um trabalho compartilhado ou represente um comprometimento conjunto com a magia da natureza? Um trabalho espiritual conjunto, talvez? Você deve responder a essa pergunta com toda a sinceridade, assim como fez com todas as outras. Chegará um momento no qual terá certeza do que quer e saberá exatamente o que precisa e o que está preparada para oferecer em troca. A Mãe te oferecerá um sinal ou um símbolo. Use seu atame para se certificar de que ele represente o tipo de relacionamento que pediu. Se aceitá-lo, estará comprometida. A Deusa garantirá que seu caminho cruze com o da pessoa certa, isto é, aquela com quem você poderá atingir a maior felicidade possível pelo bem de ambos, em conformidade com seu destino. Pode ser que esse não seja seu verdadeiro "parceiro de alma", pois ele pode não estar encarnado agora. Talvez as circunstâncias dele (ou suas) indiquem que vocês jamais possam se encontrar nesta vida.

É permitido perguntar sobre isso. A resposta pode não ser tão clara, pois essa é uma pergunta muito complexa; mas se for o caso, ela perguntará se você aceita uma união amorosa com outra pessoa (para esta vida). Tais parcerias são, na verdade, as mais comuns, pois encontrar um parceiro de vida que seja nossa alma gêmea é muito raro. Mas isso não quer dizer que todos os outros relacionamentos sejam inferiores. Eles podem nos mostrar coisas que não seriam aprendidas com nossa verdadeira alma gêmea. Isso é meio como a comparação entre viajar ou ficar em casa a vida toda.

Já falei sobre isso antes, na carta que escrevi sobre o casamento das bruxas? Não importa; acho que vale a pena repetir.

Algumas vezes, o transe pode indicar que devemos realizar um ritual em seguida. Talvez seja algo informal, como fazer uma peregrinação ou vestir uma certa cor associada ao amor. Ou pode ser formal, com um ritual completo dentro do círculo, especialmente pensado e realizado para esse propósito em especial. Explicarei como fazer um ritual para esse ou qualquer outro objetivo específico em uma futura carta.

Boa sorte com seu transe do amor!

Abençoada seja,
Rae

Ladywell
Hillsbury
7 de maio de 1988

Querida Tessa,

Antes de entrarmos no assunto da criação dos rituais, há um último transe que eu quero descrever para você. O objetivo dele é descobrir seu eu verdadeiro e responder à pergunta: "Quem sou eu?".

É claro que o "eu" tem muitas faces: a sombra, o eu superior, a criança interior, o ego consciente, o superego e assim por diante. Essas são classificações que vêm de sistemas diferentes, tanto da psicoterapia quanto dos saberes ocultos. Cada sistema de classificação é válido, mas não é bom usar qualquer um desses termos para se definir analiticamente antes de conhecer o ser completo ao qual estas partes pertencem. Isso só resultaria em confusão.

Vamos imaginar que você seja uma planta. Em sua busca por autoconhecimento e autointegração, você facilmente descobriria que é composta por sépalas, cálice, pétalas, raízes, seiva, folhas, caule etc. Mas até descobrir que também é, digamos, um arbusto de lavanda ou um junco, tudo isso tem um uso limitado. Do mesmo modo, pode aprender que tem um id, um ego e um superego ou uma sombra, uma personalidade e um eu superior. Também saberá que é humana, assim como a planta sabe que é uma planta. Mas você conhece o seu eu, quero dizer, o tipo de ser humano que realmente é? Saberia que tipo de planta? Os outros pedaços de autoconhecimento só fazem sentido quando essa pergunta é respondida.

Para os pagãos do mundo antigo, a frase "Conhece-te a ti mesmo" já dizia tudo. O eu é infinito, pois participa da vida e é, portanto, uma parte da infinitude da criação da Deusa; criação esta da qual não pode se separar, assim como podemos dizer que uma gota de água salgada tem pouco sentido longe do mar. Ainda assim e paradoxalmente, a individualidade do eu é essencial para a diversidade da criação, para a vida concreta. A individualidade existe e nós a vivenciamos. Se não entendermos nossa própria espécie, estaremos em desvantagem em um mundo onde as árvores de azevinho e as aveleiras são bem diferentes e separadas uma da outra, como tem de ser.

O transe que estou prestes a descrever poderia se chamar "Identificação do Eu". Mas por que precisamos dele? Por que não sabemos quem somos? Provavelmente, a resposta é que, enquanto somos crianças muito pequenas, sabemos quem somos, mas não temos os conceitos e a linguagem para descrever a nós mesmos ou traduzir as informações transracionais. Quando desenvolvermos essas habilidades, já seremos adultos, teremos deixado de confiar em nossa intuição há muito tempo. A essa altura, nos convenceram a deixar de lado nossas percepções verdadeiras para nos encaixarmos nos moldes que nossos pais, professores ou outras figuras de autoridade consideram o melhor para nós. Em outras palavras, quando atingimos a idade do chamado discernimento e devemos fazer escolhas para nossa vida, a maioria de nós não tem a menor ideia de quem é. Talvez soubéssemos enquanto éramos crianças pequenas, e com certeza sabíamos antes de nascer, mas quando chegamos ao ponto em que precisamos desse conhecimento, não o temos. E sem ele, o "destino" pode parecer um oponente incompreensível.

Os antigos pagãos queriam dizer "Conhece-te a ti mesmo" em totalidade: não apenas seu eu criativo mas também sua "sombra", as partes sombrias e destrutivas de seu ser. Devemos ser responsáveis por elas e admiti-las. Por exemplo, reconhecer nosso potencial violento, se somos pressionadas demais, ou nossa tendência a chamar alguma coisa de "diplomacia" quando é, na verdade, uma mentira descarada. Com orientação, você descobrirá sua própria sombra, qualquer que seja ela, e todas as suas características. Descobrir e assumir a responsabilidade sobre nossa sombra é uma parte essencial do autoconhecimento e da autointegração. Uma rosa, por exemplo, tem espinhos e algumas plantas são venenosas. Negar esse fato não leva uma rosa (ou uma dedaleira) a ter uma vida útil ou bela.

Primeiro, no entanto, precisamos descobrir a natureza verdadeira da planta inteira.

Quero que comece como sempre: invoque proteção e visualize-se na clareira. Em seguida, invoque seu familiar. Explique que deseja conhecer seu eu verdadeiro para descobrir quem é. Peça para ser levada ao lugar onde pessoas como você se sentem mais à vontade. Você está pedindo para ver o equivalente psíquico do habitat natural de uma planta. Existem certos lugares em que você não se sente à vontade, assim como não vemos campânulas em uma floresta tropical. Do mesmo modo, *existe* um lugar onde você se sente muito à vontade.

Seu familiar te levará até a caverna, para que entrem pela passagem e cheguem ao local interior de paz e beleza. Depois disso, você pode ir para qualquer lugar. Talvez uma porta se abra na encosta de uma colina. Dentro dela, pode encontrar um país inteiro, um reino de elfos. Ou um cavalo alado pode te levar para longe, passando por muitos mares e muitas montanhas. Você pode viajar para o passado ou para o futuro e até visitar um planeta distante. Como nos sonhos, tudo pode acontecer. E quem sabe onde é seu verdadeiro lar espiritual? Talvez seja em seu próprio quintal, em um santuário preferido ou em um local de peregrinação. Talvez não. Em todo caso, seu familiar te guiará.

Quando chegar ao local, você deve conferir seu familiar novamente e perguntar: "Este é meu verdadeiro lar?". Faça isso para garantir que não houve nenhuma confusão. Se houve, você deve partir novamente até ter certeza de que encontrou o lugar certo.

Quando isso acontecer, olhe à sua volta, onde quer que esteja. Veja como é o lugar. Que sensação ele te traz?

Quando estiver pronta, diga ao seu familiar que deseja conversar com o Espírito do Lugar. Este é o ser às vezes chamado de *genius loci*, que corresponde à essência de um local. Ele virá em forma de pensamento, um espírito astral talvez criado por você, talvez percebido como um pensamento criado por outras pessoas. Ele será dotado de alma pela atmosfera do lugar, que não foi criada por você, mas existe por conta própria. Pode ser um espírito masculino, feminino ou uma presença bigênero. Seu familiar dirá aonde você deve ir para encontrá-lo e como ele deve ser invocado. Provavelmente, você só precisará pedir em voz alta que o Espírito do Lugar apareça. Não se esqueça de conferir a autenticidade desse ser.

Cumprimente o Espírito do Lugar e explique por que ele foi invocado. Diga que foi informada de que este é seu verdadeiro lar, o lugar que faz nascer seres como você; e que deseja conhecer sua função nele e descobrir como se encaixa. Você quer uma resposta para a pergunta "Quem sou eu?". A essa altura, já deve estar começando a formar uma ideia e, então, talvez ouça uma resposta muito clara. Ou pode ser que o espírito te mostre uma peça especial de roupa ou um objeto que tenha uma associação evidente. Por exemplo, se sua verdadeira natureza for a de uma sacerdotisa, talvez ele te mostre uma vestimenta que você poderia associar a essa função. Ou se o seu eu verdadeiro for um viajante, algum tipo de explorador em mente ou corpo, você pode ver uma caravana ou um barco. Supondo que você fosse uma forma legítima de vidente, é possível que visualizasse um cristal. Uma pessoa que negocia a paz? Nesse caso, você veria pombas. Uma pesquisadora acadêmica? Veria livros vindo em sua direção. As possibilidades são ilimitadas e o Espírito do Lugar explicará a conexão entre o local e você.

Você pode estar se perguntando por que precisa perguntar quem você é. Não é óbvio que, em essência, você é uma bruxa? Talvez. Mas é igualmente possível que seja uma curandeira ou uma guardiã da Mãe Terra que recebeu um chamado para assumir a função de bruxa nesta vida. O eu é feito de muitas camadas e facetas. Por exemplo, uma sacerdotisa pode receber o chamado para assumir a função de bruxa nesta encarnação. Talvez seja isso que a Deusa precisa dela agora, mas ela pode ter sido uma Suma Sacerdotisa no templo de Isis em uma vida passada, ou uma pítia no Oráculo de Delfos. Pode até ter sido a mulher que varria o chão de um templo egípcio. Mas independentemente da função, o fio condutor que percorre todas as suas vidas diz que ela tem a natureza de uma sacerdotisa. É claro que usei exemplos clássicos e até meio cafonas. Mas o princípio é o mesmo para a sacerdotisa, a pesquisadora, a curandeira ou a professora. Qualquer que seja sua verdadeira natureza, a maneira como você a expressa muda de uma vida para a outra.

Eu já consigo ouvir você me perguntando: "E se eu for alguém sem importância? E se eu não for uma curandeira nem professora ou sacerdotisa? E se eu não desempenhar nenhuma função relevante?". A minha resposta é que ninguém é irrelevante. Todas nós precisamos fazer coisas comuns, como tarefas domésticas, ou ocupar funções corriqueiras às vezes, como a de irmã, estudante, funcionária, paciente ou eleitora. Mas ninguém que viva em uma sociedade não hierárquica e orientada pela Deusa seria considerada uma pessoa sem importância, uma "ninguém". Cada pessoa é um herói ou heroína de alguma jornada e todas nós temos alguma habilidade especial, seja ela a de curar, ensinar, trabalhar com magia, ser enfermeira, cuidar das plantas, vestir-se de palhaço, cantar ou qualquer outra.

Não são as nossas tarefas mundanas, mas a qualidade que damos a elas, que mostra a natureza de nosso verdadeiro eu. E não importa o quão opressor seja o sistema em que vivemos em uma encarnação: esse eu é constante e potencialmente criativo, independentemente de quem sejamos.

Quando tiver feito todas as perguntas necessárias para compreender a si mesma, peça ao Espírito do Lugar para apontar a planta que representa o seu emblema. Isso te ajudará a se entender completamente. Para todo o sempre, você conseguirá trazer à mente seu eu e seu lar verdadeiros praticando a visualização dessa planta.

O conhecimento de seu eu terá muitas implicações. Ele poderá explicar por que você está enfrentando dificuldades em sua vida presente ou, em vez disso, dizer que não está no caminho errado, como pensava. A autocompreensão te levará à autoafirmação e, consequentemente, ao entendimento de seu valor. Você se tornará mais determinada a alcançar seus verdadeiros objetivos, deixando de duvidar de si mesma — ou sendo livre como só uma pessoa disposta à mudança e à descoberta pode ser.

Faça mais perguntas ao Espírito do Lugar, se as tiver. Em seguida, agradeça-lhe. Refaça os seus passos de volta à caverna inferior, partindo pelo mesmo meio usado para chegar (um cavalo alado, por exemplo).

Atravesse a passagem até a caverna superior e volte à clareira. Agradeça ao seu familiar, volte para a esfera azul, agradeça aos Espíritos Guardiões e sele sua aura.

Lembre-se de que o lugar que acabou de visitar é seu lar, seu verdadeiro lar espiritual. Aonde quer que vá, você sempre pode voltar a esse local. E sempre trará um pouco de sua atmosfera e significado com você, como se fosse uma emissária. Se precisar recarregar as energias ou se reafirmar, sempre pode visitá-lo novamente.

É claro que poderíamos argumentar que uma ênfase em "um único lar verdadeiro" não é a melhor forma de alcançarmos a consciência de um mundo uno ou de um universo uno. Eu não concordo com essa visão, pois não é negando nossas raízes espirituais que conseguiremos nos sentir parte do Todo. O único caminho possível para a paz é aceitar as diferenças e celebrá-las, pois diversidade significa vida. A monocultura é pouco recomendável tanto para as almas quanto para as plantas.

Em meio à anonimidade da sociedade moderna, uma consciência verdadeira da essência do eu é algo que não tem preço. Esse eu pode brilhar através das tarefas mundanas e atividades do cotidiano, colocando você no centro e colorindo sua presença em todas as situações. Essa é a força interior de que uma bruxa precisa, se quiser aconselhar ou curar outras pessoas, além de trabalhar com todas as formas de magia sem se sentir fragmentada ou desequilibrada.

Abençoada seja,
Rae

Ladywell
Hillsbury
2 de junho de 1988

Querida Tessa,

A essa altura, você já descobriu que o transe leva direta ou indiretamente a um ritual ou a uma atividade ritualizada. Algumas vezes, um ritual completo pode surgir de uma orientação recebida. Outras vezes, pode ser um ritual informal, como fazer uma peregrinação ou vestir certas peças de roupa por motivos simbólicos. Em troca, isso leva a uma transformação mais profunda e a mudanças de vida. O transe e o ritual são as duas faces da magia, ou devo dizer, as duas marés: elas fluem para a frente e para trás, uma em direção à outra.

Você me perguntou por que precisamos dos rituais, quando podemos fazer tanto através do transe. Só posso dizer que muito pode ser alcançado nos sonhos também, mas ainda assim devemos acordar, sair do mundo astral dos sonhos e agir. Dormir e acordar, os dois lados da vida. Suponho que o transe seja onde a bruxa se renova e se restaura; é o momento em que ela se volta para dentro e para as origens, para a Deusa e para o Deus. É aquele plano onde seu próprio espírito encontra o Espírito em todas as coisas, a imensidão dentro do ser, onde está a fonte de tudo. Nos rituais, a bruxa manifesta essa experiência, vivenciando-a.

O transe é o presente da Deusa, assim como todas as habilidades psíquicas e intuitivas atualmente desprezadas ou um tanto temidas por serem consideradas "intuição feminina". É do interesse das bruxas e de todas as pessoas que cultuam a Deusa reivindicar e reexplicar essas habilidades perdidas, que compõem metade de nossa compreensão. Elas são o presente da lua. As habilidades solares, ou seja, os processos de pensamento racional, são o presente do Deus, que deve ser visto como igualmente essencial, se a superstição não prevalecer. Mas o raciocínio lógico por si só pode se tornar frio e maquiavélico. Observe nosso mundo lógico e concreto e duvido que achará essa descrição exagerada. A lógica sozinha se inverte, tornando-se ilógica. No entanto, a união dela com a intuição, em concordância com os princípios e os objetivos da bruxaria, reconcilia os opostos, gerando a vida.

Não estou tentando igualar o ritual com a lógica, pois tanto o transe quanto o ritual são obviamente atividades transracionais. Mas estou sugerindo que existe uma magia passiva (transe) e uma ativa (ritual). Esses são os planos da vida interior e exterior dados a nós pela Deusa e pelo Deus. Se admitirmos que toda a magia realmente pertence ao Plano Interior, então o transe é o seu aspecto interno e o ritual, o externo.

Prometi escrever uma carta sobre como criar seus próprios rituais para objetivos específicos. O processo se torna simples quando você entende que todos os rituais são formados pelas mesmas partes e estas se encaixam em uma ordem similar ou idêntica.

Você deve planejar o ritual e registrá-lo em seu Livro das Sombras. Esse é o primeiro passo. Nossas ancestrais não fariam esse registro, pois a cabeça delas era bem menos cheia que a nossa: elas memorizariam o ritual.

Primeiro, escolha uma fase da lua ou um sabá que esteja em conformidade com seu objetivo. Qual é a ocasião mais apropriada para fazer seu ritual? Se estiver invocando um novo amor, por exemplo, então a lua crescente ou cheia é a escolha certa.

Anote a data em que fará o ritual e dê um nome a ele; por exemplo: "Ritual de invocação do amor e da felicidade".

Em seguida, liste os passos que sempre iniciam todo ritual. A saber: lançar o círculo, purificar-se (com um transe curto para a limpeza e o equilíbrio psíquicos), invocar a Deusa e o Deus. Todo ritual que você fizer deve começar assim.

O quarto passo é declarar sua intenção em voz alta. Isso é importante porque sintoniza seu eu profundo com o trabalho que virá. Com isso, você ficará focada do ponto de vista mágico. Serve também para dizer o que quer alcançar a todos os Espíritos Guardiões e ao seu familiar. Você poderia dizer, por exemplo:

Agora, a lua cresce e está quase cheia. O momento da realização no amor se aproxima. Eu, sacerdotisa e filha da Deusa, faço magia em busca do amor. Invoco o amor e a felicidade em minha mente, espírito, alma e corpo. Dessa forma, eu invoco meu parceiro legítimo e peço as bênçãos da Deusa e do Deus a este ritual do amor e da felicidade.

Agora, você está pronta para o quinto passo, chamado "canalizando a energia mágica". Provavelmente, fará isso dançando (em sentido horário nos rituais para o amor) e cantando. Em seu Livro das Sombras, você deverá escrever (logo abaixo de sua intenção) algo mais ou menos assim: *Dance em sentido horário, cante...* (aqui, escreva a frase que pretende entoar).

O sexto passo se chama "direcionar o poder". Isso quer dizer que você vai direcionar psiquicamente o poder que acabou de canalizar para o principal foco material de seu feitiço.

Pode ser, por exemplo, uma pequena tigela com rosas ou óleo de rosas, que você deixará dentro do caldeirão no centro do círculo. O óleo de rosas é sagrado para o amor. E é muito caro! Nove gotinhas diluídas em óleo vegetal puro já serão suficientes. Use seu atame para direcionar o poder para o óleo, ou imponha as mãos em concha acima do caldeirão. Visualize o óleo "carregado", ou seja, imbuído do poder que você gerou, e envolto em uma luz dourada brilhante.

O sétimo passo se chama "o trabalho". Seja um ritual de celebração ou o lançamento de um feitiço, esse é o ápice. É agora que a magia acontece. No caso de um ritual para o amor, você ungirá todo o seu corpo com o óleo de rosas. Também seria possível consagrar e ungir um sino pequeno e depois fazer sua invocação. Por exemplo:

Deixe que me ouça agora
aquele que é sábio, gentil e belo.
Aquele que é afável e seguro de seu
propósito, de sua própria direção.
Aquele que é meu parceiro verdadeiro, forte para me preencher
e ser preenchido por mim,
deixe que ele ouça e venha agora.

Deixe que ele ouça e responda, sabendo quem chama.
E assim como sua presença significa felicidade, e eu para ele
sou taça e vinho, terra e árvore vigorosa, frutífera,
deixe que ele ouça e venha.

Em seguida, toque o sino. Ouça-o reverberar nos planos astrais. Aquele que corresponder à sua descrição a ouvirá, pois você enviou um chamado psíquico. É importante determinar as condições, como no feitiço acima: *que venha aquele que é sábio, gentil e belo* etc. Isso garante que o feitiço funcione somente se o possível parceiro tiver essas qualidades, sendo a pessoa certa para você. Mas o importante é usar suas próprias palavras, simples ou elaboradas de acordo com sua preferência. Também é possível passar um tempo em transe antes e depois de tocar o sino.

Em seguida, passe o óleo de rosa em um cordão branco ou vermelho, dizendo:

Assim como este nó é feito,
que seja feita a conexão
e que ela seja o amor.

Você pode usar suas próprias palavras, é claro. As minhas são só um exemplo. A seguir, amarre as duas pontas do cordão, formando um círculo.

O oitavo passo se chama "lançando o feitiço". Sente-se em silêncio e entre em um transe leve, visualizando os efeitos de tocar o sino e fazer o nó no cordão. Você pode "ver" o som do sino na forma de notas musicais prateadas dançando e viajando e o cordão como um círculo completo, fazendo a conexão e trazendo seu verdadeiro parceiro para sua vida. Veja cada feitiço saindo de você e partindo para o mundo, para fazer efeito. Deixe-os ir. Deixe que o resultado esteja nas mãos da Deusa e do Deus. Que assim seja.

O nono passo te reafirma como filha da Deusa e do Deus no mundo, como uma entre todas as criaturas (das quais você é uma irmã), conectada e preenchida pela natureza. Esse passo se chama "comunhão" e deve ser registrado em seu Livro das Sombras. Ele é composto pela consagração do vinho e do pão, seguida do consumo de ambos.

O décimo passo é destinado a agradecer à Deusa e ao Deus.

O décimo primeiro passo é quando agradecemos os Espíritos Guardiões. Agora, o círculo é aberto e você sai dele. O trabalho está feito.

Para recapitular, estas são as etapas de qualquer ritual:
1. Lançar o círculo/definir um local sagrado.
2. Purificar-se e centrar-se.
3. Invocar a Deusa e o Deus.
4. Declarar a intenção mágica.
5. Canalizar a energia.
6. Direcioná-la.
7. O trabalho mágico.
8. Lançar o feitiço.
9. Comunhão.
10. Agradecimento à Deusa e ao Deus.
11. Abrir o círculo e sair dele.

Digamos que você recebeu uma orientação em transe sobre os feitiços que deve lançar e os rituais que deve fazer. Vamos supor que registrou o ritual planejado e anotou todos os seus onze passos. Em seguida, terá de comprar ou coletar ervas, óleos, cordões, pedras, velas ou quaisquer itens de que precisar. Você também vai escolher, colher ou comprar flores ou outro item que queira colocar no ambiente ou no seu altar. Feito isso, você está pronta. Quando chegar a noite escolhida, deve reunir todos os itens mágicos, tomar um banho e vestir seu robe. Certifique-se de que não será interrompida e então comece o ritual.

Você deve registrar as experiências desse e de qualquer outro ritual. Como se sentiu? A orientação sobre o resultado foi clara? Alguma surpresa? Foi sugerido algum material para um transe futuro? Ou tudo já foi feito? Se você se sentir em paz, completa, é porque fez tudo que era necessário.

Espero que essas anotações sejam úteis.

Só um último conselho: nunca faça feitiços que "não se misturam". Por exemplo, um feitiço de purificação de seu ambiente, um banimento de doenças para outra pessoa e um feitiço para acabar com sua má sorte poderiam ser feitos todos juntos no mesmo ritual da lua minguante. Mas não misture uma purificação de ambiente, um feitiço do amor que outra pessoa te pediu e outro de autoafirmação enquanto bruxa e sacerdotisa. Esses feitiços exigiriam diferentes fases da lua para serem feitos e eles não têm um tema em comum. É exatamente o tema em comum que você deve buscar quando for escolher o incenso, as flores para o altar e a ocasião apropriada para lançar um feitiço. O mesmo se aplica às frases que planeja "cantar" para canalizar seu poder para mais de um feitiço. Se todos eles tiverem algo a ver com purificação, escolha frases sobre isso de uma forma ou de outra. Porém, se não houver um tema em comum, é melhor separá-los: faça um ritual para cada um. De qualquer forma, será sempre mais fácil se concentrar em apenas um feitiço ou uma intenção mágica, como no ritual para o amor. A experiência é o melhor guia quanto à combinação de feitiços. E só tem um jeito de adquiri-la...

Abençoada seja,
Rae

Ladywell
Hillsbury
10 de junho de 1988

Querida Tessa,

Esta é a última carta que devo te enviar durante um tempo. É preciso que você coloque em prática algumas dessas ideias do seu próprio jeito. Existe uma tradição chamada "isolar-se do *coven*", em que uma nova Suma Sacerdotisa corta quase todo o contato que ela tem com o *coven* em que foi iniciada, até que seu próprio *coven* ou estilo estejam bem estabelecidos. Como bruxas solitárias, não participamos de *covens*, mas vou aplicar um princípio parecido a você. É claro que isso não quer dizer que eu não queira receber sua visita. Espero que ainda possa me visitar no dia seguinte do solstício de verão, como havíamos combinado. Estou muito ansiosa para te receber. Podemos conversar sobre a bruxaria e trocar algumas ideias e novidades, mas não enviarei mais lições por um tempo.

Enquanto isso, quero escrever uma última carta sobre o significado de ser uma bruxa na vida cotidiana. Quais são as armadilhas, as responsabilidades e as alegrias? Eu também anexei um poema para você. Ele tem uma visão muito pessoal do que significa ser uma bruxa e espero que seja uma essência destilada, como todos os poemas. Divaguei um pouco mais nesta carta e fui mais a fundo. Peço que a leia primeiro.

A primeira coisa da qual quero falar é a autoimagem: a sua, na condição de bruxa. Um problema é a linha tênue que existe entre o orgulho excessivo e a humilhação. Você terá de andar sobre essa corda bamba por toda a sua vida. Do lado do orgulho e da arrogância, corre o risco de se achar todo-poderosa, acima de cometer erros. Seus feitiços funcionam!

Você é uma bruxa, afinal. A Deusa, o Deus e todos os Espíritos Guardiões a protegem o tempo todo. Portanto, você é obviamente invencível, diferente dos homens e mulheres comuns. Eu duvido que seria capaz de acreditar nessa bobagem, mas algumas pessoas acreditam. Elas começam a achar que estão acima de qualquer erro, de qualquer dúvida ou medo humanos. Nossa cultura alimenta essa ilusão, pois o raciocínio é mais ou menos este aqui: "Se você é um ser verdadeiramente espiritual, em contato verdadeiro com os Deuses e os espíritos da natureza, com o reino do Éter e com os planos interiores e psíquicos, então não precisa se preocupar com os problemas humanos. Isso porque suas necessidades sempre serão atendidas, isto é, se estiver mesmo em contato com as entidades. E se suas necessidades não estiverem sendo atendidas, você não é uma bruxa de verdade".

Isso é ridículo. Nenhuma religião ou prática mágica na Terra poderá ou deverá eliminar todos os seus "problemas" humanos, seus desafios e laços com toda a carne e sangue. Em vez disso, a magia é uma ferramenta, usada em algumas situações. O culto é o direito e a realização de todas as criaturas da Terra, mas não é uma panaceia universal para todos os males. Qualquer bruxa sabe que perder sua magia seria um empobrecimento do pior tipo. Para uma bruxa, a magia é vida, assim como a música é vida para um musicista. Contudo, não há magia neste mundo que possa ou deva preceder a dádiva que é sua humanidade comum.

Isso me leva ao outro lado daquela linha tênue: a humilhação, o lado para o qual eu acho que você poderia pender. Algumas vezes, as pessoas vão sugerir ou dizer abertamente coisas como: "O quê? Você é uma bruxa e ainda tem problemas com dinheiro/ uma vida amorosa infeliz/ dificuldades de ter uma casa? Mas você não pode fazer feitiços?".

Você pode dizer a elas que fazer magia é como patinar no gelo: é preciso cair algumas vezes para pegar o jeito, mas você está chegando lá! Será mais fácil dizer isso do que explicar que suas prioridades mágicas no momento são, digamos, o meio ambiente, e não seus assuntos pessoais. Elas te acusarão mentalmente de ser pretensiosa se você disser isso. Também é muito mais fácil comparar magia com patinação do que explicar que alguns feitiços não funcionam porque você não estava lá "de corpo e alma" quando os lançou. Talvez estivesse com muita raiva ou muito medo do que o feitiço poderia exigir de você em sua vida cotidiana. Esse tipo de coisa faz parte de seu desenvolvimento pessoal e não é da conta de mais ninguém além de si mesma.

As pessoas também podem querer que você mostre que não tem defeitos para comprovar ser uma bruxa "do bem". "Como assim?! Uma bruxa que ainda grita com os filhos/ não se dá bem com a irmã/ não visita a tia idosa e doente? Eu achei que esse era um caminho que trazia a força interior e a paz!".

É melhor lidar com esse tipo de coisa de forma bem-humorada. Afinal, *é óbvio* que você não é perfeita. Do contrário, não estaria aqui na Terra, aprendendo. Você pode retrucar dizendo que teria se convertido ao cristianismo se tivesse a intenção de ser uma santa. Enquanto isso, está dando o melhor de si para aprender, crescer e se tornar completa, escolhendo o caminho da bruxaria solitária para isso. O bom humor combinado com a humildade é o caminho mais recomendável. É melhor que tentar explicar a verdade para quem não está ouvindo.

Na verdade, a humildade é muito melhor que a humilhação ou a arrogância em qualquer situação. Humildade é provavelmente o nome daquela linha tênue. Mas eu não preciso dizer tudo isso. Você já sabe. Talvez eu esteja só tentando te preparar para os questionadores cruéis.

Sua responsabilidade para com a bruxaria está em ocupar sua função, em viver como bruxa e sacerdotisa no dia a dia, em manter a chama da magia natural acesa e seu senso de curiosidade intacto. Ela também está em não trazer o descrédito para o caminho que escolheu. Isso não quer dizer, por exemplo, que você nunca possa beber demais em uma festa. Você não deve, como eu já disse, deixar de ser humana. O verdadeiro descrédito está em usar sua magia para o mal ou sua função para ameaçar os outros e se gabar. Ou em deixar uma lacuna enorme e hipócrita entre o que prega (o respeito pela natureza) e o que faz em sua própria vida.

Você já conhece as alegrias da bruxaria. E conforme os anos passam, elas se tornam mais profundas. Elas influenciam toda a sua vida, de modo que o eco da magia é sentido em todas as coisas. De tempos em tempos, o prazer associado à sua sensibilidade psíquica de bruxa alcançará níveis que jamais poderá esquecer. Você terá visto todas as estações, como se elas tivessem sido criadas do zero e ainda assim fossem muito antigas. Como se fossem as mesmas dos primeiros dias. Você verá a essência da primavera, do verão, do outono e do inverno nas flores, nas paisagens quentes, nas folhas brilhantes, na neve e na geada puras. Você terá visto o mundo das fadas, vendo-o *no mundo*. Pessoalmente, eu não sei como alguém que contemplou tamanha beleza poderia querer outra coisa que não entrar naquele reino novamente. Não para possuí-lo, mas só para estar lá. É isso o que distingue as bruxas e os pagãos, na minha opinião. Eles já o conhecem. Essas foram, desde sempre, pessoas que trabalharam para revelar a beleza dos reinos etéreos — ou talvez para ajudar esta Terra a se livrar de todos os véus que a humanidade colocou sobre ela.

Os prazeres da bruxaria são muito fáceis de se conhecer, mas não tão fáceis de colocar no papel.

Espero que você goste do poema que escrevi. Ele se chama "Resoluções de uma Bruxa" e é uma espécie de presente de solstício de verão.

Tem uma tarefa que eu quero que faça para mim. Mantenha seu Livro das Sombras atualizado durante o ano todo e depois responda à pergunta: "O que faz de uma pessoa uma bruxa? Na sua opinião, o que torna uma pessoa uma bruxa ou bruxo?".

Acredito que seja uma espécie de floresta que ela tem dentro de si. Há cavernas nessa floresta, flores silvestres e animais indomados. Também há pássaros, insetos, lagartas e minhocas. Raízes emaranhadas, musgo, cobras e córregos de águas prateadas. As estações se seguem e o vento agita as árvores. Há a luz do sol e depois a escuridão, a luz das estrelas e a lua. E há sempre uma espécie de chama, como a chama de uma vela dentro de uma caverna, que brilha aonde quer que você vá nessa floresta. Ela emana da terra e de todas as criaturas. A bruxa também tem essa chama. Seu brilho vem de sua floresta interior. Seu nome é algo como "fogo oculto". Eu consigo reconhecê-lo nos olhos de outra bruxa. E eu o vi nos seus.

Te desejo sabedoria, felicidade e muitas bênçãos,
Rae

Resoluções
de uma Bruxa

Que eu seja aquela que tece a trama em uma floresta,
    escondida em suas profundezas.
Que eu me debruce sobre o trabalho ininterruptamente.
Que eu continue sendo uma excluída, se preciso for.
Que eu conheça a progressão das estações em meu espírito e em
    meu corpo, celebrando os sabás, os solstícios e os equinócios.
Que cada lua cheia me encontre olhando para cima, para
    as árvores contornadas pelo céu iluminado.
Que eu segure flores silvestres e possa circundá-las com a mão.
Que eu possa então libertá-las, sem colhê-las,
    para que vivam em abundância.
Que meus amigos sejam do tipo que fica à vontade no silêncio.
Que tanto eles quanto eu estejamos livres de presunção.
Que eu seja capaz de demonstrar gratidão. Que eu saiba
    que me foi dada a alegria, tal qual o leite materno.
Que eu saiba disso como minha cadelinha
    sabe, em seus ossos e sangue.
Que eu diga a verdade sobre a felicidade e a dor em
    canções que falam do aroma do alecrim, em sua
    força de erva culinária, cotidiana e ancestral.

Que eu não seja inclinada à arrogância nem à autopiedade.
Que eu chegue às terras altas e aos círculos de pedra como a
    raposa ou a mariposa e perturbe o local não mais que elas.
Que meu olhar seja direto e minha mão, firme.
Que minha porta esteja aberta àqueles que vivem
    longe da riqueza, da fama e do privilégio.
Que os que jamais andaram de pés descalços nunca
    encontrem o caminho que os traga à minha porta.
Que eles se percam em uma jornada tortuosa.
Que eles retornem.
E que eu possa me sentar perto do fogo no inverno e ver
    nas toras faiscantes o que está por vir, mas jamais sinta a
    necessidade de alertar ou aconselhar quando não solicitada.
Que eu possa me sentar em uma cadeira simples
    de madeira, em verdadeira satisfação.
Que o local onde eu moro seja como a floresta.
Que nele haja caminhos que levam a cavernas e lagoas,
    a árvores e a flores, a animais e a pássaros, todos
    conhecidos por mim e reverenciados, amados.
Que minha existência mude o mundo não mais nem menos
    que a rajada de vento ou o crescer orgulhoso das árvores.
Para isso, visto roupas que outros descartaram.
Que eu tenha fé, sempre.
Que eu jamais procure desculpas para as minhas ações.
Que eu saiba que não tenho escolha e ainda assim faça uma escolha,
    assim como a canção é criada, em alegria e com consideração.
Que eu faça a mesma escolha de novo todos os dias.
Quando falhar, que eu conheça o perdão para mim mesma.
Que eu dance nua, sem medo de encarar meu próprio reflexo.

Rae Beth estudou as tradições pagãs e os mistérios das mulheres por muitos anos. O interesse aumentou quando seu envolvimento no movimento feminino e seu trabalho como astróloga e consultora de tarot convergiram na espiritualidade centrada na Deusa. Ela se tornou uma bruxa autoiniciada em 1978, quando percebeu o papel da bruxa como símbolo poético da força psíquica das mulheres, além de uma chave para o ressurgimento dos ideais pagãos. Mais tarde, Rae também compreenderia o papel do homem bruxo como um xamã dos tempos modernos e irmão da mulher sábia ou da bruxa sacerdotisa. Filha de professora, especializou-se no ensino da literatura inglesa. Hoje, escreve poesia mágica e aprecia caminhadas no campo. É casada e tem dois filhos.

MAGICAE
DARKSIDE

MAGICAE é uma marca dedicada aos saberes ancestrais, à magia e ao oculto. Livros que abrem um portal para os segredos da natureza, convidando bruxas, bruxos e aprendizes a embarcar em uma jornada mística de cura e conexão. Encante-se com os poderes das práticas mágicas e encontre a sua essência.

DARKSIDEBOOKS.COM